高等院校"十三五"工商管理规划教材丛书

管理学基础

李琦　徐彦伟　曹振杰　王猛

主编

FUNDAMENTALS OF
MANAGEMENT

经济管理出版社
ECONOMY & MANAGEMENT PUBLISHING HOUSE

图书在版编目（CIP）数据

管理学基础/ 李琦等主编. —北京：经济管理出版社，2018. 11
ISBN 978-7-5096-6185-7

Ⅰ. ①管… Ⅱ. ①李… Ⅲ. ①管理学—基本知识 Ⅳ. ①C93

中国版本图书馆 CIP 数据核字（2018）第 275603 号

组稿编辑：王光艳

责任编辑：李红贤　张玉珠

责任印制：黄章平

责任校对：董杉珊

出版发行：经济管理出版社

（北京市海淀区北蜂窝 8 号中雅大厦 A 座 11 层　100038）

网　　　址：www. E-mp. com. cn

电　　　话：(010) 51915602

印　　　刷：三河市延风印装有限公司

经　　　销：新华书店

开　　　本：720mm×1000mm /16

印　　　张：12. 5

字　　　数：232 千字

版　　　次：2020 年 8 月第 1 版　2020 年 8 月第 1 次印刷

书　　　号：ISBN 978-7-5096-6185-7

定　　　价：58. 00 元

前　言

管理学是一门涵盖经济学、政治学、心理学、行为学、社会学、数学等多学科的综合性和实践性都较强的学科，也是管理类专业的入门基础课程。管理学通过研究组织中管理活动的基本规律与管理方法，进而有效地解决组织中的问题，更好地实现组织目标。基于此，管理学是一门"显学"。

纵观管理学的历史发展，管理学体现了鲜明的时代特征。在不同的组织、制度、时代中，管理具有不同的方式、方法及特点。如今的社会已经进入了数据化、信息化、智能化的新时代，对管理提出了新的要求。一些新的管理理念，如生态管理等也在不断涌现。现代管理学及管理体系诞生于西方国家，中国在引进、学习、模仿、创新西方管理学及管理体系的过程中，一直在实践中和语境中融入中国元素。在新的时代背景下，在本书编写过程中既探讨了管理学的基本知识、基本框架，又引入了一些最新的、体现时代特色的管理学研究成果，譬如本书在介绍管理概念的同时，并非强调管理只是为了实现组织的目标，同时本书也强调管理亦是修己安人、正人正己、以道御术。

目前管理学教材汗牛充栋，本书力图立足于本科生的教学实际，力求大道至简，引介了目前比较成熟的管理学框架与管理学体系，也力求融入一些中国的元素，同时增加了管理反思与管理展望的版块。

本书定位于普通高等学校本科生以及管理实务爱好者进行编写，尽量做到内容循序渐进、语言平实简洁、结构明晰突出。

全书共分为九章，分工如下：

第一章管理与管理学（李琦）；第二章管理学的产生与发展（曹振杰）；第三章管理的理念（徐彦伟）；第四章计划（李琦）；第五章组织（王猛）；第六章领导，其中第一节行为的基础（王猛）、第二节激励理论和第三节领导理论（曹振杰）；第七章控制（王猛）；第八章管理的挑战（曹振杰）；第九章管理的未来（李琦）。

本书在撰写过程中，参考借鉴了一些专家学者的著作和观点，限于教材篇幅限制未能一一指明，在此一并表示感谢。

由于编者水平有限，书中疏漏之处在所难免，敬请读者批评指正。

编者

2019 年 10 月

目　录

第一章　管理与管理学

管理不仅要正确地做事，还要做正确的事。——佚名

- 理解管理的含义。
- 理解管理者的含义及其类型。
- 理解组织与管理的关系。
- 理解组织环境对管理的影响。

方、圆与管理

一枚铜钱，外圆内方，朴实无华；一套围棋，桌方棋圆，简单明了（见图1-1）。铜钱与围棋代表物质生活的货币、反衬精神生活的文娱，折射出了"方"与"圆"——中国传统文化的智慧与精髓。

图1-1　铜钱与围棋

方与圆，古人对其有多重意义的理解：

方与圆是中国古人的宇宙观。《敕勒歌》所谓："天似穹庐，笼盖四野"。天之大，天圆地方，包容四野，孕育万物。

方与圆是中国古人的处世哲学。《淮南子·主术训》所谓："智欲圆而行欲方"。人独处于天圆地方之中。圆融、圆通才能通达，守方才能不失正气，成就品德与事业。

方与圆是中国古人的辩证法。《太玄·玄摘》所谓："圆则杌棿，方为吝啬"。天圆则产生运动变化，地方则收敛静止。这一动一静之间反映出万物变化之道，蕴含万物演变之理，彰显万物和谐之势。

方与圆是中国古人的人生境界。《论语·雍也》所谓："夫仁者，己欲立而立人，己欲达而达人。能近取譬，可谓仁之方也已。""方者"为"内外相应，言行相称"之人，圆者为圆通、随和之士。兼具"方"与"圆"者则为心胸开阔，境界高尚的"至德"之贤。

方与圆是中国古人的治世法则。《菜根谭》所谓："处治世宜方，处乱世当圆，处叔季之世当方圆并用。"政策法规是方，道德伦理是圆，方圆相容，社会才会和谐，国家才会昌盛，世界才会太平。

管理，处于方圆之中，亦遵循方圆之道。

第一节　管理与管理者

一、管理是什么

（一）管理的价值

对于事物的认知始于概念。这是学习管理学的第一个重要问题，也是最为核心的问题。概念是对现象的呈现。对于管理概念的界定，要晚于管理现象。

管理是人类共同劳动的产物。管理活动自古有之，中国的长城、古埃及的金字塔、古巴比伦空中花园等巨型工程的修建，都是集体协作的结晶。

管理是人类理性行动的结果。人类的欲望是无限的，但是现实世界的资源是有限的，为了在有限的资源当中妥当地满足人类的欲望，需要通过一系列的管理活动进行协调。

管理是人类智慧才能的运用。管理不仅解决了人类生存的问题，而且解决了人类发展的问题，并在人类高质量的发展过程中起到了重要作用。大到治国安邦，中到组织兴衰，小到家庭和睦，微到个人荣辱，都需要管理。

对于人类而言，管理不可或缺，管理具有重要的意义。

管理有助于促进人类社会进步。随着生产力的发展和科技的进步，人类社会愈发复杂，管理对于秩序的维护与效率的提升有重要作用。

管理有助于促进生产力的发展。劳动者、劳动手段和劳动对象等生产要素的有效组合直接决定了现实生产力的高低。如著名管理学家德鲁克指出："发展中国家并不是发展上落后，而是管理上落后。"

管理有助于促进组织发展完善。教育、文化、科技、卫生、政治、体育、军事等活动都依赖于组织而进行，各级各类组织的发展均依赖于管理。正如穆尼和赖莱所言："管理是开动、指挥和控制组织的计划和程序的生命的电火花。"

（二）西方与东方视域下的管理

当今世界，管理涉及各种领域，如行政管理、经济管理、企业管理及各种行业、部门和过程的管理。虽然管理有很长的历史，管理是如此重要，管理存在于不同的领域中，但人们对管理的含义却有着不同的理解。现代意义上的管理学诞生于西方国家，东方文明中也存在着诸多优秀的管理思想。

1. 西方国家视域中的管理

一百多年来，与西方产业革命的发展相适应，西方各种管理学派犹如雨后春笋，形成了"热带的丛林——管理理论的丛林"。各学派对于管理是什么持不同的看法。

泰勒认为："管理是一门艺术，这种艺术是要知道应该教导人们去做什么，并注意他们用最好、最经济的方法去做。"

法约尔认为："管理就是实行计划、组织、指挥、协调和控制。"

赫伯特·西蒙认为："管理就是决策。"

马丁·J.坎农认为："管理是一种为取得、分配并使用人力和自然资源以实现某种目标而行使某些职能的活动。"

小詹姆斯·唐纳利认为："管理就是一个人或更多的人来协调他人的活动，以便收到单个人单独活动所不能收到的效果，而进行的各种活动。"

哈罗德·孔茨认为："管理就是设计和保持一种良好环境，使人在群体里高效率地完成既定目标。"

斯麦尔洪认为："管理就是通过计划、组织、领导和控制等职能来协调所有的资源，以便达到绩效目标的过程。"

斯蒂芬·P.罗宾斯认为："管理是指协调和监管他人的工作活动，从而使他们的工作可以有效率且有成效地完成。协调和监管别人的工作是区别管理职位和非管理职位的特征。"

在此基础上，中国一些学者也提出了以下定义：

杨文士和张雁认为："管理是指一定组织中的管理者，通过实施计划、组织、领导、控制等职能来协调他人的活动，使别人同自己一起实现既定目标的活动过程。"此种定义特别强调了人的作用。

周三多认为："管理是为了实现组织的共同目标，在特定的时空中，对组织成员在目标活动中的行为进行协调的过程。"

单凤儒认为："管理就是通过计划、组织、领导和控制，协调以人为中心的组织资源与职能活动，以有效实现目标的社会活动。"

综上所述，所谓管理，就是指在一定的环境下，通过决策、计划、组织、领导和控制，对组织资源进行有效整合，旨在实现组织目标的活动与过程。

2. 东方国家视域中的管理

中国没有像西方国家较为系统的管理学思想体系，但是这并非代表中国没有管理的概念及管理思想。中国历史悠久，有着丰富的管理实践。一些先贤为中国管理思想的形成、发展起到了重要的推动作用，其管理思想在今天依然具有重要的价值。目前已经有一些研究者，如李雪峰、苏东水、彭贺等，通过深入探究中国传统文化及古籍，整理、提出了中国管理学的概念及管理思想，并以中国管理学为其命名。他们认为，中国管理学是中国自古以来管理理论、实践经验及其规律的总和。

中国古代没有"管理"一词，但是典籍中的"治"等字词从含义上可以视为现代的"管理"，例如：

《老子》："是以圣人之治，虚其心，实其腹，弱其志，强其骨，常使民无知无欲。使夫智者不敢为也，为无为，则无不治。"

《韩非子·外储说右下》："明主治吏不治民。"

《管子·权修》："天下者，国之本也；国者，乡之本也；乡者，家之本也；家者，人之本也；人者，身之本也；身者，治之本也。"

《礼记·大学》："物格而后知至，知至而后意诚，意诚而后心正，心正而后身修，身修而后家齐，家齐而后国治，国治而后天下平。"

老子主张无为而治，实质上就是从宏观层面指出管理不能妄为，不能违背客观规律，而是要遵循客观规律而为，如此管理目标方可实现；韩非子从中观层面提醒统治者，在管理实践中先要管好各层级的管理者（官吏）；管子则从大到小，在微观层面强调作为个体的自我管理；《大学》则相反，从个人管理、家庭管理顺推至国家管理。总之，中国古代在论及管理问题（"治"）

时，范围是较广的，包括个人、家庭、国家等不同层次。但是在这些层次中，个人的自我管理是非常重要的，自我管理是一切的根本。而个人的自我管理则来自人的内在修养，即为修己安人。孔子也曾明确提出"己欲立而立人，己欲达而达人"。所以，东方国家视域下的管理强调管理者与被管理者的心理状况。

在此基础上，东方管理学产生了"三为""四治""五行""三和"等思想。"三为"是指"以人为本、以德为先、人为为人"。"四治"是指"治国论、治生论、治家论和治身论"。"五行"是指"人道、人心、人缘、人谋、人才"。"三和"是指"和贵、和合、和谐"。

无论是东方国家视域中的管理，还是西方国家视域中的管理，虽然对于管理的本质界定不同，界定视角不一样，但是其本质是一样的。西方国家视域中管理的侧重点在于人财物的统一和谐，而东方国家视域下管理的侧重点在于人本身的内在修为。

二、管理者是谁

（一）组织中的两类活动与两类人员

一般而言，在一个组织当中从事管理的人员就被称为管理者。管理者这个概念是相对的，我们为了更好地理解什么是管理者，就必须更好地了解组织内部的活动。如图 1-2 所示，组织中的活动一般可以分为两大类：一类是作业活动，另一类是管理活动。作业活动是指直接面向生产对象、科研对象、服务对象的活动。管理活动是保证作业活动顺利、有效进行的活动，为作业活动服务。

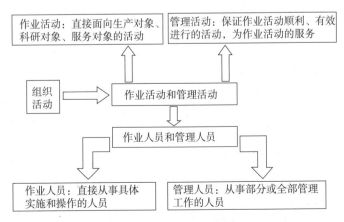

图 1-2　作业活动与管理活动

围绕这两类活动就产生了两类人员：一类是作业人员，另一类是管理人员。作业人员就是直接从事具体实施和操作的人员，如在教室里上课的教师、车间流水线上的工人、诊室里的医生等。管理人员就是从事部分或全部管理工作的人员，如总裁、首席运营官、首席执行官、部门经理、办公室主任、项目主管、工厂厂长等。无论组织的规模、类型或所在地有何不同，都是由这两类人员组成的，这两类人员都是需要的。

（二）管理者的含义

对于管理者的含义，亦有不同的理解：

组织中告诉别人该做什么以及怎样去做的一类人，被称为管理者。

管理者是指通过协调其他人与别人一起活动的人，或者通过别人以实现组织目标的人，管理者的工作可能意味着协调一个部门的工作，也可能意味着监督几个人，还可能包含协调一个团队的工作。

管理者是"对其他人的工作负有责任的人"，或是指在一个组织中主要从事指挥别人工作的人员。管理者与非管理者的区别在于前者有下属，后者则没有。

究其本质，管理者是管理活动的主体承担者。管理者应是指那些为了确保组织目标的实现，行使管理职能，指挥、激励、协调组织成员，为组织做出实质性贡献的人。

（三）管理者的分类

1. 按管理者在组织中所处层次进行分类

（1）高层管理者。位于组织金字塔的顶端，全面负责整体组织的管理工作，重点在于制定组织战略，与组织外界进行沟通联结等。他们的战略、经验及权力运用直接决定了组织的存亡。如学校的校长、医院的院长、工厂的厂长、公司的总经理、总裁等均是高层管理者。

（2）中层管理者。位于组织金字塔的中端，既负责贯彻执行高层管理者所制定的战略及决策，又指挥和协调基层管理者的工作。他们在组织中起承上启下的作用，是上下管理层信息传递、权力运行的桥梁和纽带。如学校的系主任、医院的部门主任、工厂的车间主任、公司的部门经理等均是中层管理者。

（3）基层管理者。位于组织金字塔的底部，既要承担直接指挥、监督、控制现场作业人员的责任，又要确保上级下达的各项任务得以有效执行。他们是整个管理系统的基石。如学校的教研室主任、医院的科室主任、工厂的班组长、公司的科长等均是基层管理者。

2. 按管理者在组织内负责的职责范围进行分类

（1）专业管理者。专业管理者指组织中开展特定职能活动而进行管理的人员。比如，负责企业生产加工、营销宣传、财务会计、人力资源管理、物流运输、研究开发等工作的人员。

（2）综合管理者。综合管理者指对跨职能管理或统筹组织全部活动的管理人员。

（四）管理者的角色

"管理者的角色"这一概念，最早是由美国管理学家彼得·德鲁克（Peter F. Drucker）在1955年提出的。20世纪60年代末，亨利·明茨伯格（Henry Mintzberg）认为，管理者做什么可以通过考察管理者在工作中所扮演的角色来恰当地描述。他对管理者所从事的工作进行了仔细的研究，构造了一个管理者做什么的分类框架。亨利·明茨伯格得出的结论是：管理者实际上在扮演着10种不同但高度相关的角色。所谓管理者的角色是指特定的管理行为类型。他将这些管理行为分为3个方面共10种角色，从而创建了管理者角色理论，如表1-1所示。

人际关系角色包含了人与人以及其他具有礼节性和象征性的职责。人际关系角色具体包括挂名首脑、领导者和联络者。信息传递角色分别包括监听者、传播者和发言人。决策制定角色是做出抉择的人员，具体包括企业家、混乱驾驭者、资源分配者和谈判者。

大量的后续研究证明了亨利·明茨伯格管理者角色分类的有效性。研究表明，无论其是在什么类型的组织中或者在组织的哪一个层次上，管理者都在扮演着类似的角色，只不过管理者角色的强调重点会随组织的层次不同而变化。比如，组织的高层管理者更多地扮演挂名首脑、谈判者、联络者和发言人的角色，而低层管理者表现出更多的是领导者。

表1-1 亨利·明茨伯格的管理者角色理论

角色		描述	特征活动
人际关系方面	挂名首脑	象征性的首脑，必须履行许多法律性的或社会性的例行义务	迎接来访者，签署法律文件
	领导者	负责激励和动员下属，负责人员配备、培训和交往的职责	实际上从事所有的由下级参与的活动
	联络者	维护自行发展起来的外部接触和联系网络，向人们提供恩惠和信息	发感谢信，从事外部委员会工作，从事其他有外部人员参加的活动

角色		描述	特征活动
信息传递方面	监听者	寻求和获取各种特定的信息,以便透彻地了解组织与环境	阅读期刊和报告,保持私人接触,作为组织内部和外部信息的神经中枢
	传播者	将从外部人员和下级那里获得的信息传递给组织的其他成员——有些是关于事实的信息,有些是解释和综合组织的有影响的人物的各科价值观点	举行信息交流会,用打电话的方式传达信息
	发言人	向外界发布有关组织的计划、政策、行动、结果等信息;作为组织所在产业方面的专家	举行董事会会议,向媒体发布信息
决策制定方面	企业家	寻求组织和环境中的机会,制定"改进方案"以发起变革,监督这些方案的策划	制定战略,检查会议决策执行情况,开发新项目
	混乱驾驭者	当组织面临重大的、意外的动乱时,负责采取补救行动	制定战略,检查陷入混乱和危机的时期
	资源分配者	负责分配组织的各种资源——事实上是批准所有重要的组织决策	调度、询问、授权、从事涉及预算的各种活动和安排下级的工作
	谈判者	在主要的谈判中作为组织的代表	参与工会进行合同谈判

(五) 管理者的技能

人的素质一般包括品德、知识和能力三个方面。管理者的素质直接影响了管理活动的效果。研究者对于管理者的技能构成进行了广泛的探讨。泰勒认为,管理者应具备脑力、良好的教育、技术知识、机智、充沛的精力、毅力、诚实、判断力和良好的健康状况这 9 种品德。法约尔从身体、智力、道德、一般文化、专业知识和经验等方面提出了管理者应具备的素质。罗伯特·卡茨在 1955 年发表的《高效管理者的三大技能》一文中,针对管理者的工作特点,提出了技术技能、人际技能和概念技能的理念。他认为,有效的管理者应具备这三种技能。

技术技能是指使用技术完成组织任务的能力。它与一个人所从事的工作有关。管理者应掌握诸如决策技术、计划技术、组织设计技术、评价技术等管理技术。

人际技能是指在组织目标的实现过程中与人共事的能力,即与人打交道的能力。管理者应具备与人共事、激励或指导组织中的各类员工或群体的能力。

概念技能是指一种洞察既定环境复杂程度的能力和减少这种复杂性的能力。对于管理者而言,需要快速敏捷地从混乱而复杂的环境中辨清各种因素之间的相互关系，抓住问题的实质，并根据形势和问题果断地做出正确的决策。

罗伯特·卡茨指出，上述三种技能是所有管理者都必须具备的，只是这三种技能对不同管理层次上的管理者的重要程度不同。一般来讲，概念技能对高层管理者最为重要，因为由高层管理者所负责的计划、决策等都需要概念技能。技术技能对基层管理者特别重要，因为其最接近现场作业。由于管理工作的对象是人，因此人际技能是所有层次上的管理者均必须掌握的。

三、管理学的基本特征

（一）一般性

管理存在于一切组织中，只要涉及组织管理问题都是管理学的研究对象，因此，管理学重视从管理现象中概括、抽象、提炼出的具有普适性的一般意义上的原理及方法论。管理科学是研究一般组织管理理论与实践的科学，是各种管理分支学科的共同基础。

（二）非精确性

管理学虽然被称之为科学，但是管理学并非数学等自然学科那样，在既定条件下会得到确定的唯一结果。管理学是一个知识体系，它反映了管理过程的客观规律，并在实践的基础上揭示了管理的本质特征。由于人既是管理的主体，又是管理的客体，且人的行为十分复杂，所以管理既无定式又无定法，往往条件相同，结果却不唯一，因此管理是一门不精确的科学，在实际运用中要具体问题具体分析。

（三）综合性

管理过程、管理主体及管理对象的复杂性、动态性和多样性，要求管理要借助经济学、社会学、心理学、生理学、人类学、政治学、法学、数学、系统科学、计算机科学等多学科的知识，借助定性、定量等多种方法，借助时间、空间等多样手段，从各种角度出发解析管理问题，实现既定的管理目标。管理学是交叉学科，对管理者提出了较高的知识要求。

（四）实践性

管理理论与管理方法是在实践中提炼、总结出来的，管理理论与管理方法又是在管理实践中经过实践检验的。管理理论与管理方法的研究，其根本目的也在于指导管理实践，最终检验管理的正是组织绩效。因此，管理学是在多变的、复杂的管理环境中，将理论与实践有机结合的应用科学。

四、管理学的研究方法

（一）案例研究方法

案例研究方法是实地研究方法的一种，是管理学研究中的常见方法。研究者通过选择一个或几个管理情境为对象，系统地收集相关数据和资料，以探讨管理现象背后深层次的原因及作用机理。管理案例研究通常尝试回答"管理现象是什么？""如何改变此种管理现象？""为什么出现此种管理现象？"及"此种管理现象的结果如何？"等研究问题。同时包含了特有的设计逻辑、特定的资料收集和独特的资料分析方法。通过管理案例研究，不仅有助于具体管理问题的解析，同时也有利于管理理论的阐释与发展。西方国家管理学中极为重视此种研究方法，中国管理学的发展也非常需要案例研究方法。近年来，中国一批具有国际影响力的知名企业也为案例研究提供了丰富的素材。

（二）比较研究方法

比较研究方法就是对事物之间、人与人之间的相似性或相异程度的研究与判断的方法。比较研究方法可以理解为是根据一定的标准，对两个或两个以上有联系的事物进行考察，寻找其异同点，是探求普遍规律与特殊规律的方法。管理学中的比较研究方法则是通过对不同管理理论或对管理方法异同点的研究，总结其优劣以借鉴或归纳出具有普遍指导意义的管理规律的方法。例如，通过对中西方管理实践的比较，用以发现中国管理中的独特之处及中西方管理差异背后共同的规律；通过对春秋时期诸子百家思想中所蕴含的管理思想的比较，用以明晰儒家、道家等思想对管理的不同启示。

（三）跨学科的方法

多学科交叉的跨学科方法几乎贯穿了整个管理学严谨的历程，管理学的发展就是不断吸收、借鉴其他学科的研究方法。管理学对数理科学、系统工程、心理学、经济学、信息论的典型方法进行成功的移植和使用，是管理学科发展的方法论基础，使管理学成为一个多学科组合的独立的交叉学科。管理学的研究除了向经济学、社会学和心理学这些社会科学寻找解决问题的思路，还需要向历史学、文学、哲学等人文科学寻找灵感，并且通过数据科学、计算科学及信息科学增强管理学的科学性。

第二节　管理与组织

一、组织的概念

现代管理学的研究对象主要是人类有组织的群体活动。管理主要存在于充满群体活动的组织中。

"组织"在中文里是一个动名词。作为动词，"组织"是管理的一种职能，是管理的过程。在人们共同劳动的过程中就会产生分工、协调等问题。显然，为了更好地实现组织目标，必须进行有效的劳动分工及劳动协调，这一过程即为组织，亦可以视为管理的一个基本职能。组织是以协调一致的方式对人员的一种精心安排，以实现某种特定目的。

作为名词，"组织"是一群人为特定目的而成立的包含职能和职位的结构或整体。例如，为了实现商业目的而形成的商业组织，为了实现政治目的而形成的政党组织。在人类的生产实践中，人们为了一个目标的实现需要集体的努力，成立了一个个组织，旨在协调多人的活动，并为其他人提供激励。

组织具有三种共同特征：

首先，每个组织都应有明确的目标，这个目标通常是组织成员希望达成目的。其次，每个组织都是由人员组成的。组织需要人员来完成那些对组织实现其目标而言不可或缺的工作。最后，所有的组织都发展出一种精细的结构，以使人员能够在其中从事他们的工作。组织的结构可以是开放的、灵活的，没有清晰的或精确的岗位职责描述，也不用严格地遵循某些明确的职位安排；也可以是更为传统的、刚性的、严密的，但不管其类型如何，都要求具有某些精细的特征，以便明确组织成员间的工作关系。

二、组织中管理的基本内容

为了保障组织在可支配的资源范围内能够实现组织目标，管理者首先需要为组织的活动选择正确的方向（决策），并制定实现组织目标的资源保障与行动安排（计划）；其次根据目标活动的要求设计合理的组织结构、招募合适的人员（组织）；把招募到的人员安排在恰当的岗位后，要引导其行为与组织目标相符合（领导）；最后成员的行为可能会与组织的预定要求相偏离，所以要进行及时的追踪和纠偏（控制）。在决策、计划、组织、领导、控制的一系列过程（职能）中，决策会不断得到修正，计划也会不断进行变更，组织也会不断进行变革，领导也会不断调整，控制也会不断改进。实际上，人们会在变动的环境中，不断进行各种创新。

计划（Planning）就是为了实现既定的组织目标，确定实现目标的途径或方案。计划是管理过程的起点，通过决策确定目标和通过具体的方案确定途径是计划职能包含的两个重要组成部分。

组织（Organizing）意味着在一定的结构下确保组织成员有效分工和协作。为了实现通过决策确定的目标和通过具体方案确定的途径，管理者必须分析如何进行分工、如何对成员的工作进行合并、谁向谁负责、谁指挥谁、如何为各种不同的职位配备适当的人员、如何在不同的群体和人员之间进行有效的沟通和协调。

领导（Leading）意味着管理者必须运用各种适当的方法，对组织的成员施加影响，协助组织成员共同达成组织目标，形成协调一致的团队气氛和士气高昂的组织氛围。

控制（Controlling）是指采取措施消除预期计划与实际绩效之间的偏差。组织的目标和计划即使制定得再完美，但在复杂的实际环境中进行具体操作的时候，都会遇到一些困难和问题，妨碍预定计划和目标的实现。这就需要管理者时刻对组织的目标以及行动路径的开展进行有效监控，当发现偏差时及时进行修正，以确保组织目标最终得以有效完成。

值得注意的是，计划、组织、领导和控制这些职能并不是泾渭分明的，也并不一定非要依次进行。在实践中，四类职能常常是你中有我、我中有你，循序渐进、不断循环，即管理者在进行管理时始终处于一种过程当中，以连续的方式从事着计划、组织、领导和控制活动。这四大职能构成了本书的基本框架，如图 1-3 所示。

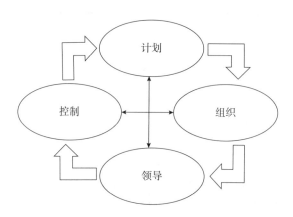

图 1-3　管理的基本职能

三、组织环境与管理的关系

任何组织都是在一定环境中从事活动的，环境是组织生存的土壤，任何管理也都要在一定的环境中进行，这个环境就是组织环境。组织环境指的是存在于组织内外部并对组织有现实和潜在影响力的因素。

组织环境制约和影响管理活动的内容和过程。组织环境的变化要求管理的内容、手段、方式、方法等随之调整，以便更好地实施管理。

组织环境包括内部环境和外部环境：

组织内部环境是指组织内部要素对组织的影响，主要指组织内部的人员素质和组织条件，即为组织文化及物质条件。内部环境分别有人力资源环境、物力资源环境、财力资源环境以及内部文化环境。

组织外部环境是存在于组织外的各种经常处于变动的要素的集合，对组织运行会产生影响，甚至直接决定组织的存亡。组织外部环境包括一般环境和任务环境。

一般环境也称宏观环境，是指社会中会对组织可能产生影响的环境因素。通常包括政治法律环境、经济环境、社会文化环境、科学技术环境等。任何单一的组织都无法控制一般环境的变化，只能通过主动回应及调整来适应一般环境的变化。

第一，政治法律环境包括国家政治体制、政府的稳定性、国际关系、法制体系等。在国家和国际政治法律体系中，相当一部分内容直接或间接地影响着经济和市场。

第二，经济环境不仅包括经济体制、经济增长、经济周期与发展阶段以及经济政策体系等宏观方面的内容，同时也包括消费者的收入水平、消费者的支出模式和消费结构、消费者的储蓄和信贷、利率水平、汇率水平、税收政策等经济参数和政府调节等内容。

第三，社会文化环境包括一个国家或地区的社会性质、人们共享的价值观、人口状况、教育程度、风俗习惯，宗教信仰等各个方面。

第四，科学技术环境是科学技术的进步以及新技术手段的应用对企业所产生的作用。科学技术可以为企业提供解决问题的各种途径，包括专利的获取、试验以及各个方面的发明创造。一旦出现重大的科学技术突破，就会产生全面的、革命性的影响，会改变企业的活动方式。

任务环境也称微观环境，主要包括：

第一，供应商。供应商是向企业及其竞争对手供应各种所需资源的企业和个人，包括提供原材料、设备、能源、劳务等。它们的情况如何会对企业的营销活动产生巨大的影响。供应商提供资源的价格、品种及交货期直接制约着企业产品的成本、利润、销售量及生产进度的安排。

第二，顾客。顾客泛指购买商品或要求服务的对象，包括组织和个人。企业能否成功，关键在于是否能满足顾客的需求。人的需求是不断变化的，对于企业而言，只有不断满足顾客变化的需求，才能在市场中获得生存与发展的机会。

第三，竞争者。竞争者一般是指那些与本企业提供的产品或服务相似，并且所服务的目标顾客也相似的其他企业。竞争者的行为会对组织的经营决策产生影响。

外部环境限定了一个组织可以做什么和不可以做什么，它一方面限制管理者的行动自由，另一方面又扩大了管理者寻求外来资源与支持的机会。同时，在一个组织中，内部环境决定了该组织的管理者能够做什么、可以做什么、做到何种程度。

对不同的环境因素采用不同的管理方法。一般环境因素不是管理者可以影响的，更不是管理者所能改变的，而是需要管理者主动适应它。相反，对于任务环境因素，管理者是可以而且应该通过努力加以管理的。

在内外环境允许的范围内，管理者才能有所作为。管理者的工作成效通常取决于他们对环境的了解、认识和掌握的程度，取决于他们能否正确、及时和迅速地做出反应。在不同的环境下，管理者会采取不同的管理措施，具体内容如表1-2所示。

表 1-2   组织环境的定位

环境 状态		变化程度	
		稳定	动态
复杂程度	简单	状态1：稳定、简单的环境，环境影响因素变化不大，环境因素容易了解	状态2：动态、简单的环境，环境影响因素较少，但在不断地变化之中，环境因素比较容易掌握
	复杂	状态3：稳定、复杂的环境，环境影响因素多，但环境因素基本保持不变，掌握环境因素较难	状态4：动态、复杂的环境，环境影响因素多，且处于不断的变化之中，掌握环境因素困难

状态1：相对稳定和简单的环境。

在这种环境中的组织会处于相对稳定的状态。在这种环境下，管理者对内部可采用强有力的组织结构形式，通过计划、纪律、规章制度及标准化生产等来管理。一般的日用品生产企业大都处于此种环境中。

状态2：动荡而简单的环境。

处于这种环境中的组织一般都处于相对缓和的不稳定状态之中。面临这种环境的组织一般采用调整内部组织管理的方法来适应变化的环境。纪律和规章制度仍占主要地位，但也可能在其他方面，如在市场销售方面采取强有力的措施，以应对快速变化的市场形势。

状态3：相对稳定但极为复杂的环境。

一般来说，处于这种环境中的组织为了适应复杂的环境会采用分权的管理形式，强调根据不同的资源条件来组织各自的活动。不管怎样，他们都必须面对众多的竞争对手、资源供应者、政府部门和特殊利益代表组织，并因此做出管理上的相应改变。像汽车制造企业基本上处于此种环境之中。

状态4：动荡而复杂的环境。

一般环境因素和具体环境因素的相互作用有时会形成极度动荡而复杂的环境。面对这样的环境，管理者就必须强调组织内部各方面能够及时有效地相互联络，并采用权力下放和各自独立决策的经营方式。一般而言，电器制造公司、高新技术企业面临的就是技术飞速发展、市场需求变化迅速、竞争对手对抗剧烈的动荡而复杂的环境。

总体而言，稳定的环境是管理发挥正常功能的前提；环境是管理生存和发展的必要条件；环境制约着管理的活动方向和内容；环境对管理过程具有巨大的影响作用。

 本章小结

在人类历史发展过程中，管理具有重要的价值。对于管理的认知，始于管理的概念。东西方视域下对于管理的理解不尽相同，西方国家的管理强调管理的职能与资源的整合，东方视角下的管理则强调通过教化，达成修己安人，但这种差异并不妨碍管理研究与实践。在世界各地，虽然管理者称呼各异，但基本上均可划分为高层管理者、中层管理者和基层管理者三种类型，而不同层级的管理者在组织中的角色、技能也不尽相同。作为学科，管理学也具备着有别于其他学科的特征与研究方法。现代管理学的研究对象主要是人类有组织的群体活动，因而管理与组织密不可分。组织管理的基本内容可以分为计划、组织、领导和控制，它们也被称为管理的四大基本职能，管理学大多围绕这些职能进行阐述。组织管理离不开组织所根植的内外部环境，组织管理必须与环境相适应才能发挥应有的作用。

复习思考题

（1）管理的含义与本质是什么？
（2）管理者的含义是什么？
（3）管理者一般包括哪些类型？

（4）管理者一般需要具备怎样的技能？

（5）管理者一般在组织中充当哪些角色？

（6）管理学的基本特征有哪些？

（7）管理学有哪些常见的研究方法？

（8）组织的含义是什么？

（9）组织中管理的基本内容包括哪些？

（10）组织环境与管理是何种关系？

第二章　管理学的产生与发展

在人类历史上，还很少有什么事情比管理的出现和发展更为迅猛，对人类具有更为重大和更为激烈的影响。

——彼得·德鲁克

- 了解中外早期管理思想发展的历史背景。
- 理解西方国家管理理论的产生和发展脉络。
- 掌握泰勒科学管理理论的基本内容。
- 掌握法约尔的一般管理理论的基本内容。
- 掌握梅奥的人际关系学说的基本内容。
- 了解现代管理理论的主要流派及其基本观点。
- 了解未来管理的发展趋势及新思潮。

大禹治水

在尧帝时期，中原地带洪水泛滥，给人民带来了巨大的灾难。尧决心消除水患，根据群臣和各部落首领的推举，将治水的任务委任给鲧。鲧采用筑坝挡水的办法治水九年，大水仍没有消退。后来舜操理朝政之后，将治水大任交给鲧的儿子禹，又派伯益和后稷两位贤臣协助他工作。

禹接受了这一重任。他带领一批助手，跋山涉水，风餐露宿，走遍了中原大地的山山水水。禹吸取了父亲的教训，发明了一种疏导治水的新方法，其要点就是疏通水道，使得水能够顺利地东流入海。禹每发现一个地方需要治理，就到各个部落去发动百姓来施工，每当水利工程开始的时候，他都和百姓在一起劳动，吃在工地、睡在工地，挖山掘石，披星戴月地干活。禹生活简朴，住在很矮的茅草小屋子里，吃得比一般百姓还要差。禹就这样离开家乡十三年，曾"三过家门而不入"。

禹让益伯给百姓分发稻种，可以种植在低洼潮湿的土地上，又让后稷教百姓种庄稼。禹一边行进，一边考察各地的物产情况，规定了应该向天子交纳的贡赋，并考察了各地的山川地形，以便弄清诸侯朝贡时交通是否方便。

在禹的领导和带动下，治水进展迅速，江河从此畅通，百姓又能耕种农田，能筑室而居，并过上了幸福富足的生活。

在人类历史上，自从有了组织的活动，就有了管理活动。管理活动的出现促使一些人对活动中的经验加以总结，形成了一些朴素、零散的管理思想。我们可以从已有的文字记载中，看到中外思想家所提出的丰富的管理思想。但令人遗憾的是，直到 19 世纪末，管理理论才在西方国家出现。管理理论来源于管理思想，是对管理思想的提炼与总结，是较成熟的、系统化较高的管理思想。

第一节　中国管理思想的形成与发展

中国作为伟大的文明古国之一，有着璀璨的历史遗产，其中不乏卓越的管理实践和丰富的管理思想，这在许多古典著作中均有体现，如《论语》《道德经》《墨子》《孙子兵法》《资治通鉴》《红楼梦》等。中国古代管理思想尽管未能形成独立的科学体系，但是对世界特别是对东方的文化产生了巨大影响，为人类文明社会进步与管理的发展做出了重要贡献，对当前的管理实践和管理理论的研究也有很高的价值，是发展现代管理理论的源头活水。

一、中国古代的管理实践

早在 5000 年前，中国已经有了人类社会最古老的组织——部落，有了部落的领袖，因而出现了管理。公元前 1600 年的商周时代，中国已经形成了组织严密的奴隶制的国家组织，出现了从中央到地方，高度集权、等级森严、呈金字塔形的权力结构。在自秦始皇以后漫长的社会发展中，中国建立了高度集权的行政管理体制，特别是在人才的选拔和录用方面，建立了比较完善的科举制度。从现代的观点来看，尽管科举制度在考试内容和选聘标准上存在着许多问题，但是通过考试和平等竞争的方法选用人才，在人类历史上可以说是开辟了一个范例。

中国古代建造了许多伟大的工程，如长城、京杭大运河和都江堰水利工程等。长城总长达到 21196.18 千米，堪称世界奇迹；京杭大运河和都江堰水利工程至今还在发挥着重要作用。在科学技术与生产力均不发达的古代，中国人民能完成如此巨大的工程，管理工作的计划、组织、领导与控制进行得如此周密细致，实在是令人惊叹。中国古代重视对产品质量的管理，历史上的赵州桥、应县木塔和兵马俑等伟大的建筑和艺术，都是产品质量和工艺管理上的杰作。近千年来，中国的瓷器工业在世界上独占鳌头，享誉世界的传统陶瓷制品体现了技术、工艺、管理的完美结合。

二、中国古代的管理思想及其贡献

中国古代的管理思想在春秋战国时期出现了第一次"大爆发"。在那个百家争鸣的"轴心时期"，涌现了一大批如孔子、孟子、荀子、老子、庄子、墨子、商鞅等思想家，提出了丰富的修身齐家治国平天下的宏观管理思想，以及微观层面上商人阶层的"治生之学"和军队作战的军事管理思想。自秦汉以后，中国传统管理思想经诸葛亮、李世民、王安石、王阳明等众多政治家、军事家或思想家的实践与总结而得到丰富与发展。总体而言，儒家思想在中国古代管理思想中最具影响力。儒家思想是中国传统文化的主流，它不仅对中国有深远的影响，而且广为流传在包括日本、韩国、新加坡等许多亚洲国家。许多东亚国家、东南亚国家相继走上了现代化道路，社会经济得到了高速发展，企业管理也达到了世界先进水平，但是他们都没有否定以儒家思想为核心的东方文化走全盘西化的道路，而恰恰是吸收了东西方文化中有益的思想与经验，并结合本国的实际取得了巨大的成功。他们用儒家的观点塑造现代企业文化，形成了与西方管理文化截然不同的特色。

以儒家思想为代表的中国传统管理思想和管理文化的内核归纳起来包括以

下四方面。

（一）民本思想

民本思想强调管理活动要"以民为本"，重视人的因素，提倡"德治"和"仁政"。孔子在《论语·微子》中说："鸟兽不可与同群，吾非斯人之徒与而谁与？"这一观点反映了孔子人兽严格区别、人与人同类的自觉意识。孔子主张"为政以德，譬如北辰，居其所而众星共之""行仁德之政""因民之所利而利之"，此处"为政"即指管理。孔子将在德治路线下管理者和民众的关系比喻成北极星和众星的关系，生动、清晰地反映了孔子的民本思想。另一位儒学大家孟子进一步提出了富有民本思想的著名命题，即"民为贵，社稷次之，君为轻"。此外，管仲、荀子对民本思想也有精辟论述。管仲指出"夫霸王之所始也，以人为本，本理则固，本乱则国危"，荀子则更清楚地表述"水火有气而无生，草木有生而无知，禽兽有知而无义。人有气、有生、有知，亦且有义，故最为天下贵也。"值得注意的是中国传统文化中的"民本"，不同于西方国家的人本主义。人本主义者主张"个体本位"，主张社会生活中个体利益的满足。而"民本"的实质是"群体本位"，重视团体利益。

（二）中庸

"中庸"是孔子和儒家管理思想的基础，中庸的本意是讲对事物不偏不倚、折中和调和。孔子在《雍也》中说，"中庸之为德也，其至矣乎！民鲜久矣"，意思是说中庸作为实现道德的法则，是最正确的，但是人们缺乏它已经太久了！过去一些人在评价孔子时，把中庸理解为保守、妥协、守旧的代名词，其实中庸思想体现了孔子认识事物的三分法，即"过""中"与"不及"。孔子主张要把握住"过"和"不及"两个极端，用中庸原则去引导人们。中庸思想揭示了管理工作中存在"度"的问题。例如，用财有度、用人有度、赏罚有度、批评有度、处理人际关系有度等。这一观念对管理活动颇有指导价值。

（三）和谐

"和谐"虽不为中国文化所独有，但一直是中国文化所凸显的主题，是中国文化人文精神的精髓和首要价值，甚至有学者称其为民族精神的灵魂①。由于中华文明一直没有像其他一些古老的文明那样中断过，所以"和谐"不但是中华民族集体文化的一部分，也是中国传统管理思想的"DNA"。

在中国汉字演变的过程中，"和"字出现得较早，甲骨文和金文中就有"和"字；《尚书》出现"和"字共42次，《道德经》出现"和"字共5次，

---

① 沈素珍. 和：中华民族的民族精神［J］. 新疆社会科学（汉文版），2009（5）：162.

《论语》出现"和"字共 8 次。这说明，"和"在中国传统文化中占据着非常重要的位置。"和"字有"和""盉""龢"三种写法，其含义为"乐调谓之龢，味调谓之盉，事之调适者谓之和，其义一也。"至于"谐"，有"配合得当""办妥事情或圆满"的含义，如"如其克谐，天下可定也"。在中国文化传统中，把不同人与事物之间的分工、协调而达成某一目的的这种状态或过程称之为"和谐"，其中的管理意蕴十分明显①。

儒家明确主张"和为贵"。孔子说"君子和而不同，小人同而不和"，这里孔子所说的"和"是指社会成员之间的协调与和睦，而不是无原则的苟同与同流合污。和谐在管理中体现为组织成员之间通过彼此理解和沟通，建立良好的人际关系，同心协力，完成组织目标。从广义的观点来看，"和谐"还包括组织与外部环境之间、部门之间相互协调和平衡。总之，"和谐"观念至今仍有其重要的价值。

(四) 义利观

儒家认为"义"首先包含道义的意思，"隐居以求其志，行义以达其道"，"利"是指利益（即功利）。孔子主张"见利思义""不义而富且贵，于我如浮云"，这种义利并举的思想具有一定的现代性。孔子又强调"君子喻于义，小人喻于利""上好义，则民莫敢不服""无欲速，无见小利。欲速则不达，见小利则大事不成"，这里的君子首先指的是管理者，管理者的价值取向应是先义后利，而被管理者的价值取向可以是先利后义，即所谓"先富之，后教之"。这种管理者"先义后利"的主张有着十分深刻的管理价值和启示。从现代观点来看，"利"和"义"是矛盾的统一体，彼此相互渗透、相互转化，管理中的义利观也是辩证统一的。对人的管理既要重视物质利益，又要重视精神因素；对领导层"重义轻利、先义后利"的要求实质上是组织文化建设、员工激励和组织持久发展的关键点。

中国古代的管理思想不仅限于上述内容。在治国安邦、军事、法制、经济管理、农业/水利管理、心智管理等层面，中国古代思想家们也有许多独到的见解，需要我们认真学习、发掘和研究。

三、中国近代的企业管理

中国近代企业管理，主要包括官僚资本企业管理和民族资本企业管理。官僚资本企业有官办、官督商办和官商合办三种形式。中国真正意义上的企业是从官办企业开始的。所谓官办企业是指晚清时期，洋务派与外国政府和企业合

---

① 曹振杰. 企业员工和谐心智模式的理论与实证研究 [M]. 杭州：浙江大学出版社，2012.

作开办的采用机器生产的"新式"军事、民用企业,盛行于19世纪70年代至80年代。官办企业享有免税、贷款、缓息和专利的特权,名义上企业盈亏全归商人,实际上企业实权掌握在由官方委派的承办人手中。这类企业多在1984年中日甲午战争后破产。官商合办企业是官方与私人资本联合举办的工矿企业,盛行于19世纪80年代后期至20世纪初期,清朝政府对合办企业派官员督办掌权或委派与官方有密切关系的企业商董为督办、总办。经过洋务运动、辛亥革命等运动之后,人们积累了一些经营管理的经验和教训。抗日战争胜利后,官僚资本的发展达到了最高峰,垄断了全国的经济命脉。这一时期的企业管理方式有了较大的进步,更多地采取雇佣劳动管理方式,制定较为严格的人才选用标准和实施办法;成立企业管理协会,建立集中统一的生产指挥系统,制定财务管理与仓储保管制度。

中国民族资本是在近代形成的、民间投资的私人资本主义经济成分,出现于19世纪70年代,中国民族资本企业发展道路曲折,几次遭到沉重打击,未能形成独立的工业体系,在技术、设备、原材料及资金等方面依赖外国。尽管如此,民族资本企业通过采用大机器生产和较为科学的管理方式,探索有中国特色的企业管理制度和方法,在一定程度上形成了中国企业科学管理思想的萌芽。

四、中国革命根据地公营企业的管理

中国革命根据地公营企业在管理上重视行政管理,建立了企业的行政机构以及中国共产党的支部和职工会,贯彻了革命军队中"官兵一致、民主管理"的原则,吸收职工参加管理,逐渐形成独具特色的管理模式,即建立了由厂长、共产党支部书记和工会委员长组成的"三人团"作为企业的领导机构,统一处理工厂的生产、生活问题,后来实行了工厂管理一元化,"三人团"改为厂长领导下的厂务会议。普遍订立了集体合同和劳动合同,严格了劳动纪律,规定了生产定额和工资制度,有条件的工厂实行了计件工资制,制定了产品检验制度;开展劳动竞赛,在竞赛中注意推广先进生产经验,发扬职工忘我劳动的革命精神,促进了生产任务的完成;加强了政治思想工作,共产党支部和工厂委员会围绕企业的中心任务,采用多种形式教育工人以新的态度对待新的劳动,努力生产,为争取革命的胜利而斗争;共产党员、共青团员在生产劳动中发挥了先锋模范作用,管理干部深入工人群众听取意见,帮助他们解决在工作、学习和生活中的困难;逐步加强了民主管理,各工厂普遍建立了工厂管理委员会,500人以上的工厂建立了职工代表会议制度。

在中华人民共和国成立初期,基本上沿用了革命根据地对公营企业的政策和管理思想，对被没收的官僚资本企业和公私合营企业进行了改造和管理。

五、计划经济体制下的企业管理

自 1953 年起，中国进入了大规模的、有计划的社会主义经济建设时期，开始了发展国民经济的第一个五年计划。这个时期的企业管理主要是全面学习苏联的管理经验，引进苏联的整套企业管理制度和方法。在国营企业中，普遍建立了生产技术财务计划、生产技术准备计划和生产作业计划，实行了计划管理，组织了有节奏的均衡生产，建立了生产责任制度，确立了正常的生产秩序；制定了技术标准、工艺规程、劳动定额，建立了设备计划预修制度和技术检查制度，建立了技术工作的秩序；建立了经济核算制度和"各尽所能、按劳分配"的等级工资制度。国营工业企业的管理工作基本走上了科学管理的轨道，培养了一批管理干部。第一个五年计划期间，在全国范围内实行了财政经济工作的统一领导和计划管理，实现了财政收支平衡和物价稳定，并集中了大量人力、资金和物资进行大规模的工业基本建设。这个时期，国民经济快速发展，人民生活不断改善，社会安定团结，人民群众奋发向上。这是中国在管理上获得的杰出成就。但是，在学习苏联管理经验的过程中，也出现了一些缺点，如不加分析地照抄照搬、没有充分考虑中国的实际情况、单纯依靠行政命令等。

为了克服学习苏联企业管理照抄照搬的缺点，1956 年 9 月，中国共产党第八次全国代表大会决定在企业中实行党委领导下的厂长权责制，以加强党的集体领导。1957 年 3 月，党中央又决定在工业企业中实行"党委领导下的职工代表大会制"，以调动广大职员、工人的积极性。在从 1958 年开始的第二个五年计划期间，鞍山钢铁公司等企业又创造、总结出了"两参、一改、三结合"（即工人参加企业管理、干部参加生产劳动，改革企业中不合理的规章制度，领导干部、技术人员、工人三结合）的经验，并在全国得到了推广。这一系列的改革，对于纠正过去企业管理中出现的一些偏向，对于继承和发扬中国共产党的优良传统，调动和发挥广大职工的革命精神和生产积极性，促进企业生产发展，探索中国现代管理模式，起到了重要的积极作用。但是，在1958 年的"大跃进"过程中，由于片面夸大精神的作用，背离了"实事求是"的原则，在企业管理的指导思想上又犯了不尊重客观规律的"左"的错误，否定了在第一个五年计划期间建立起来的适合现代化大生产要求的科学管理制度和办法，结果造成了国民经济的比例失调和企业管理上的极大混乱，给国家在经济上造成了巨大的浪费和损失。

为了纠正这些错误，党中央制定了"调整、巩固、充实、提高"的八字方针，于 1961 年颁布了《国营工业企业工作条例（草案）》，总结了企业管理正反两方面的经验，这体现了党的优良传统和现代管理水平，促进了生产的迅速发展。到 1965 年，许多工业部门和企业的技术经济指标都达到了中国历史上的最高水平。这一阶段是中国进行企业管理改革的初步尝试过程，虽然经历了一段曲折的道路，但是找到了适合中国国情的正确改革方向。

六、社会主义经济管理体制改革

1976 年 10 月，中国进入了一个新的历史发展时期，工农业生产得到了较快的恢复。特别是 1978 年中国共产党第十一届中央委员会第三次全体会议以后，开始全面、认真地纠正过去的"左"倾错误，决定把党和国家的工作重点转移到社会主义经济建设上来。为了恢复和发展国民经济，提出了"调整、改革、整顿、提高"的新八字方针，调整了农业、轻工业、重工业各部门之间以及积累和消费之间的比例关系，在经济体制上进行了重大的改革，实行了对外开放、对内搞活经济的政策。1982 年中国共产党第十二次全国代表大会明确提出了有系统地进行经济体制改革的任务，并指出这是坚持社会主义道路、实现社会主义现代化的重要保证。1984 年 10 月，中国共产党第十二届中央委员会第三次全体会议又通过了《中共中央关于经济体制改革的决定》，进一步肯定了中国进行经济体制改革的必要性和迫切性，并指出改革是为了建设充满生机的社会主义经济体制，而增强企业活力是经济体制改革的中心环节。1987 年中国共产党第十三次全国代表大会提出了社会主义初级阶段理论、所有权和经营权分离的理论，为深化企业改革奠定了理论基础。1992 年中国共产党第十四次全国代表大会提出了建立健全社会主义市场经济体制。

中国企业改革大致可以划分为四个阶段：第一阶段（1978~1986 年），在企业管理方面的改革成就包括扩大企业自主权，简政放权；推行经济责任制；"利改税"，企业自负盈亏等。第二阶段（1987~1991 年），以推行各种经营责任制，实行所有权和经营权分离为主要内容，建立了租赁经营责任制、股份制等企业制度。第三阶段（1992~2011 年），以理顺产权关系，转换企业经营机制和建立现代企业制度为主要内容。现代企业制度有"产权明晰、权责明确、政企分开、管理科学"的基本特征。国有大中型企业按此实行规范的公司制改革，成为适应市场的法人实体和竞争主体。第四阶段（2012 年至今），面对中国经济发展进入新常态等一系列深刻变化，中央推进供给侧结构性改革，优化经济结构，倡导科技创新，注重绿色发展，国有大中型企业改革也进入了一个新的历史阶段。根据《财富》杂志发布的消息，2019 年进入"世界 500 强"榜单的中国企业数量达到 129 家（含非国有企业），历史上首次超过美国

（121 家），这标志着中国本土企业在管理水平、经营绩效和生产规模方面已经跨上了新的台阶，能与国外著名企业进行合作与竞争，而中国本土企业管理也形成了自己的特色。

在改革开放进程中，中国涌现出了大量民营企业，其中很多企业成长为大型企业甚至巨型跨国企业集团，如华为技术有限公司、海航集团、浙江吉利控股集团有限公司、阿里巴巴集团、深圳市腾讯计算机系统有限公司、百度等企业。民营企业的机制更加灵活，更能积极引入现代管理机制和管理技术，并且在发展中进行不断的探索和创新，很多企业发展出独具特色的管理模式和管理思想。华为技术有限公司、阿里巴巴集团、四川海底捞餐饮控股有限公司等企业的管理创新成为很多学者的研究对象，并总结提炼出颇有新意和特色的本土管理理论。

第二节　西方国家管理思想的形成与发展

西方国家管理思想从古代欧洲、古埃及和古巴比伦等文明古国得以形成并有长达两千多年的发展，也有着丰富的思想成果。自 20 世纪初发展出科学管理理论，使管理学成为一门学科。

一、西方国家早期管理思想的形成

西方文化起源于古希腊、古罗马、古埃及、古巴比伦等文明古国，它们在公元前 6 世纪左右即建立了高度发达的奴隶制国家，在文化、艺术、哲学、数学、物理学、天文学、建筑等方面均对人类做出了辉煌的贡献。埃及金字塔、罗马水道等伟大的古代建筑工程与中国的长城并列为世界奇观。这些古国在国家管理、生产管理、军事、法律等方面也都曾有过许多光辉的实践。公元 3 世纪后，奴隶制的衰落，基督教兴起，基督教《圣经》中所包含的伦理观念和管理思想对以后西方封建社会的管理实践起着指导性的作用。随着资本主义的发展和工厂制度的形成，旧的基督教教义与资本主义精神发生了冲突，于是产生了基督教新教。在基督教新教教义的鼓励下，经商和管理日益得到社会的重视，有越来越多的人来研究社会实践中的经济与管理问题。

最早对经济管理思想进行系统论述的学者，首推英国经济学家亚当·斯密。他所阐述的劳动价值论、劳动分工理论以及"经济人"假设，不仅符合当时生产发展的需要，而且也成了以后企业管理理论中的重要原理。在斯密之后，另一位英国学者查理·巴贝奇发展了斯密的观点，提出许多关于生产组织机构和经济学方面的带有启发性的问题。此后，在生产过程中进行劳动分工的方法有了迅速的发展。这一时期的英国著名管理学者及空想社会主义者罗伯特·欧文，他经过一系列试验，首先提出工厂生产中要重视人的因素，要缩短工人的工作时间，提高工资，改善工人居住环境。他的改革试验证实，重视人的作用和尊重人的地位，也可以使工厂获得更多的利润。所以，也有人认为欧文是人事管理的创始人。

上述各种管理思想是随着生产力的发展，且适应资本主义工厂制度发展的需要而产生的。这些管理思想虽然不系统、不全面，没有形成专门的管理理论和学派，但对于促进生产及以后科学管理理论的产生和发展均有积极的影响。

二、古典管理理论

古典管理理论形成于19世纪末20世纪初。在古典管理理论产生之前，企业管理实践处于传统经验管理阶段，当时的管理是粗放式的、低水平的。随着科技进步，劳动手段的机械化，自动化水平的提高，企业管理日益复杂化，单纯靠经验已经很难完成管理任务。一些企业开始实行所有权与经营权分离改革，由有管理知识、管理经验的经理、厂长、工程师替代资本家管理企业。这在客观上要求企业实行管理职能化，设置专门的管理机构，建立科学的管理制度，采用科学的管理方法和手段，因此，古典管理理论就适时地出现了。

（一）泰勒的科学管理理论

泰勒（F. W. Taglor）的科学管理在管理发展史上占有极其重要的位置，它是科学管理的起点，使管理从此走上了科学发展之路。科学管理的提出是管理的第一次革命，在管理的发展史上具有伟大的跨时代意义，因此，泰勒被称为"科学管理之父"，其代表作是1911年出版的《科学管理原理》。泰勒科学管理的研究内容涉及的范围很广，其主要内容可以概括为工作效率和工作定额、科学选人用人、标准化、差别计件工资制、劳动职能研究、例外管理六个方面。科学管理提倡用科学的管理方法代替传统的管理方法，随着科学管理方法的逐步普及和发展，极大地促进了企业生产效率的提高，也促进了当时工厂管理的根本变革。

泰勒曾在一次国会举行的听证会上指出，科学管理不是任何一种提高效率的措施，不是一种新的成本计算方法，不是付给工人的一种新的奖金制度和工资制度，不是时间研究和动作研究，不是职能工长制，也不是普通工人在提到科学管理时想到的管理措施。上述这些只是科学管理的附件，科学管理的实质是在一切企业或机构中雇主和工人双方在思想上的一次完全的革命。这种完全的思想革命使双方不再把注意力放在如何分配利润上，而是将注意力放在如何增加利润上，使利润增加到无论何种分配都不会引起双方争论的程度。这时雇主和工人双方将会停止对抗，转向一个方向并肩前进；这时他们自然会懂得友谊与合作，用相互帮助来代替相互对抗。

科学管理是管理发展史上的一次伟大革命，它的提出也标志着管理学作为一门学科开始形成。科学管理的提出不仅是管理方法的革命，也是管理思想的革命，它使管理从经验阶段上升为科学阶段，为管理的发展做出了巨大的贡献；它不仅在当时的社会生产中发挥了重要的作用，也对以后的管理理论发展产生了深远的影响。泰勒做出的贡献是巨大的、历史性的。

科学管理也存在局限性：首先，泰勒认为工人是"经济人"，工人之所以工作，是因为工人只追求物质利益，没有金钱和物质的诱惑，人们是不会好好工作的，大部分工人是懒惰的、无知的、没有责任心的，因此对工人的管理方法和手段就是制定严格的规章制度，工人只能被动地服从管理者的命令。其次，科学管理重视物质技术因素，忽视人及社会因素。泰勒将工人看成机器的附属品，是提高劳动生产率的工具，因此在生产过程中强调严格的服从，他并没有看到工人的主观能动性及心理社会因素在生产中的作用，认为工人只看重经济利益，根本没有责任心和进取心。由于对工人的错误认识，必然导致科学管理理论在实践中的局限性。最后，由于科学管理的研究主要集中在微观的生产作业领域，提出的是具体的管理方式、方法，缺乏宏观思考，无法形成理论体系。

（二）法约尔的一般管理理论

当泰勒在美国研究科学管理的时候，亨利·法约尔（Henri Fayol）在欧洲也积极地从事着管理理论的研究，其首次提出了著名的管理职能理论，为管理理论的发展做出了杰出的贡献，其代表作是 1925 年出版的《工业管理与一般管理》。由于法约尔和泰勒的经历不同，对管理研究的着眼点也不同。泰勒进入工厂从学徒工做起，他所研究的重点内容是企业内部具体工作的作业效率，即企业微观的生产组织问题。而法约尔一入企业就从事高级管理工作，他的研究视野能够覆盖整个企业，把企业作为一个整体，研究如何提高整体的工作效率问题。

法约尔提出的"一般管理"主要内容包括以下三方面。

一是管理的五个基本职能。法约尔首次把管理活动划分为计划、组织、指挥、协调与控制五大职能，并对这五大管理职能进行了详细的分析和讨论。这是法约尔在管理学理论做出的伟大贡献，他揭示了管理的本质，奠定了管理学的基础并建立了主要框架，至今仍在沿用。

二是工作分类与人员能力结构。法约尔认为，企业里发生的所有行为都可以概括为六类：①技术性的工作——生产、制造；②商业性的工作——采购、销售和交换；③财务性的工作——资金的取得与控制；④会计性的工作——盘点、成本及统计；⑤安全性的工作——商品及人员的保护；⑥管理性的工作——计划、组织、指挥、协调与控制。法约尔对这六大类工作分析之后发现，对基层工人或其他人员主要要求其具有技术能力。随着人员在组织层次中职位的提高，人员技术能力的相对重要性降低，而对管理能力的要求逐步提高；企业规模越大，管理就显得越重要，而技术能力的重要性相对下降。

三是十四条管理原则。法约尔总结出管理的十四条一般原则：①劳动分工；②权力与责任；③纪律；④统一指挥；⑤统一领导；⑥个人利益服从集体利益；⑦合理报酬；⑧适当集权与分权；⑨等级制度与跳板；⑩秩序；⑪公平；⑫保持人员稳定；⑬首创精神；⑭集体精神。

法约尔对管理理论和管理思想的主要贡献：

一是为管理理论的形成构筑了一个科学的理论框架，奠定了管理学的基础。法约尔的理论虽然是以企业为研究对象建立起来的，但由于抓住了管理的一般性，使得他的理论不仅适用于企业的管理，也适用于学校、医院等各种组织和部门的管理。

二是提出了管理教育的必要性。法约尔认为，对管理知识的需要是普遍的，尤其是对企业的中上层领导人。他大力提倡在大学和专科学校中开设管理方面的课程，传授管理的知识。后人根据这种设想，建立了管理学并把它引入了课堂。管理学的教科书一般也均是按照法约尔的一般管理框架来撰写的。

（三）韦伯的行政管理理论

韦伯的行政管理理论也被称为韦伯的官僚制组织理论。马克斯·韦伯（Max Weber）是德国的古典管理理论代表人物之一，他的管理思想主要集中在《社会组织和经济组织理论》一书中。韦伯首创了一套完整的组织理论，即官僚制组织理论，又被称为理想的行政组织理论，他被尊称为"组织理论之父"。

韦伯指出，古往今来的一切组织无非是建立在三种权威之：一是世袭的权威；二是神授的权威；三是理性—合法的权威。理性—合法的权威是现代社会中理想组织形式的基础。韦伯的理想行政组织具有以下方面的特征：分工明确；等级严密；规范录用；实行任命制；管理职业化；公私有别。韦伯认为，这种高度结构化的、正式的、非人格化的理想行政组织体系是强制控制的合理手段，是达到目标、提高效率的最有效形式。这种组织形式在精确性、稳定性、纪律性和可靠性等方面均优于其他形式，能适用于各种行政管理工作及各种大型组织，如教会、国家机构、军队、政党、经济组织和社会团体。韦伯的这一理论，对泰勒、法约尔的理论是一种补充，对后来的管理学家，特别是组织理论家产生了很大影响。

韦伯理想的行政组织理论反映了当时德国从封建主义向资本主义过渡的要求，他总结了在大型组织中的实践经验，为资本主义的发展提供了一种稳定、严密、高效、合理的管理体系理论，同时，也为管理界管理理论的创新做出了贡献。

当然，理想的行政组织理论并不是十全十美的管理理论，也不像韦伯所称的那么理想，其中的缺陷还是较为突出的。有人对该理论中的升迁制度部分提出了疑问；还有人认为韦伯只把目光瞄向了正式组织，而忽视了现实中非正式组织的存在及其对管理所产生的重大影响。

（四）其他古典管理学家的贡献

与泰勒、法约尔、韦伯同时代的还有甘特、吉尔布雷斯夫妇等，他们对管理理论的发展也做出了不可磨灭的贡献。

亨利·劳伦斯·甘特（Henry Laurence Gantt）在生产管理中创制了甘特图，即用图表来说明生产的进度。至今仍在工业生产管理部门中使用。他的代表作主要有《劳动、工资和利润》《工业领导》等。

吉尔布雷斯夫妇对科学管理的发展也有巨大的贡献。他们重视工作效率、劳动者的心理作用。并且从事分解动作研究，发明和应用许多新技术，最先使用拍摄电影的方法，分析和改善动作，寻求"最佳法"以提高工作效率。他们也关心工作中人的因素，强调在应用科学管理原理时必须首先看到工人，了解他们的性格、需要，认为引起工人不满的不是工作的单调乏味，而是主管部门对工人的漠不关心，这对后来行为科学的发展具有一定影响。他们的代表作主要有《动作研究》《管理心理学》等。

三、行为科学理论

行为科学理论是 20 世纪 20 年代开始形成的。所谓行为科学，就是对工人在生产中的行为及行为产生的动机进行分析研究，以便调节人际关系，提高劳动生产率。行为管理理论早期被称为人际关系学说，之后发展为行为科学，即组织行为理论。行为科学理论研究的内容主要包括人的本性和需要、行为动机、生产中的人际关系等。

（一）梅奥的贡献

乔治·埃尔顿·梅奥（George Elton Mayo）是人际关系理论及行为科学的代表人物，代表作为《工业文明中的人的问题》，书中总结了他参与和指导的霍桑实验及其他几个实验的研究成果，详细地论述了人际关系理论的主要思想。

一般认为，霍桑实验揭开了对组织中人的行为研究的序幕。霍桑实验的初衷是试图通过改善工作条件与环境等外在因素，找到提高劳动生产率的途径，在 1924~1932 年，先后进行了四个阶段的实验，但实验结果却出人意料，即无论工作条件（照明度强弱、休息时间长短、工厂温度等）是改善还是取消改善，实验组和非实验组的产量都在不断上升；在实验计件工资对生产效率的影响时，发现生产小组内有一种默契，大部分工人有意限制自己的产量，否则就会受到小组的冷遇和排斥，奖励性工资并未像传统的管理理论认为的那样使工人最大限度地提高生产效率；在历时两年的大规模的访谈实验中，职工由于可以不受拘束地谈论自己的想法，发泄心中的闷气，从而态度有所改变，生产效率相应地得到了提高。

对这种"传统假设与所观察到的行为之间神秘地不相符合"，梅奥做出了如下解释：①影响生产效率的根本因素不是工作条件，而是工人自身。参加实验的工人意识到自己"被注意"，自己是一个重要的存在，因而怀有归属感，这种意识助长了工人的整体观念、有所作为观念和完成任务观念，而这些是工人在以往的工作中不曾得到的，正是这种人的因素导致了劳动生产率的提高。②在决定工人工作效率因素中，工人为团体所接受的融洽性和安全感较之奖励性工资有更为重要的作用。

霍桑实验的研究结果否定了传统管理理论中对于人的假设，表明了工人不是被动的、孤立的个体，他们的行为不仅受工资的刺激，影响生产效率最重要的因素不是待遇和工作条件，而是工作中的人际关系。据此，梅奥提出了自己的观点。

（1）工人是"社会人"而不是"经济人"。梅奥认为，人们的行为并不单纯出自追求金钱的动机，还有社会方面的、心理方面的需要，即追求人与人之间的友情、安全感、归属感和受人尊敬等，而后者更为重要。因此，不能单纯从技术和物质条件着眼，必须首先从社会心理方面考虑合理的组织与管理。

（2）企业中存在着非正式组织。企业中除了存在着古典管理理论所研究的为了实现企业目标而明确规定各成员相互关系和职责范围的正式组织之外，还存在着非正式组织。非正式组织有自己的核心人物和领袖，有大家共同遵循的观念、价值标准、行为准则和道德规范等。梅奥指出，在正式组织中，以效率逻辑为其行为规范；而在非正式组织中，则以情感逻辑为其行为规范。如果管理人员只是根据效率逻辑来管理工人，忽略工人的情感逻辑，必然会引起冲突，影响企业生产效率的提高和目标的实现。因此，管理者必须重视非正式组织的作用，注意在正式组织的效率逻辑与非正式组织的情感逻辑之间保持平衡，以便管理人员与工人之间能够充分协作。

（3）新的领导能力在于提高工人的满意度。在决定劳动生产率的诸多因素中，置于首位因素的是工人的满意度，而生产条件、工资报酬只是居第二位。职工的满意度越高，其工作激情就越高，从而生产效率就越高。高的满意度来源于工人个人需求的有效满足，不仅包括物质需求，还包括精神需求。

霍桑实验对古典管理理论进行了大胆的突破，第一次把管理研究的重点从工作上和从物的因素上转移到人的因素上来，不仅在理论上对古典管理理论做了修正和补充，开辟了管理研究的新理论，还为现代行为科学的发展奠定了基础，而且对管理实践产生了深远的影响。

（二）行为科学学派

行为管理思想产生之初由于侧重于研究人们之间的相互关系，所以被称作"人际关系学说"。这种思想在经历了20世纪三四十年代的迅速发展后，已经形成了一个庞大而复杂的学科群，吸引着来自心理学、社会学、人类学、管理学等众多领域的研究者。在1949年美国芝加哥召开的一次学术会议上，来自各个不同领域的与会者一致认为，围绕行为研究所取得的现有成果已经足以证明该类研究具有独立学科的条件，于是正式将之命名为"行为科学"。1953年，芝加哥大学成立了行为科学研究所。但鉴于广义的行为科学是一个研究包括人的行为以至动物的行为在内的涵盖范围广泛的学科体系，20世纪60年代后，有些专门研究行为科学在企业中应用的学者提出了"组织行为学"这一名称。

行为科学学派的研究内容大体上可分为三个层面：

（1）有关员工个体行为的研究。这是最微观层面的研究，涉及的内容主要包括人的需要、动机和激励，以及企业中人的特性问题。人际关系学说提出了员工是"社会人"而不是"经济人"的假设，后期行为研究者进一步提出了"自我实现人"的主张。这些基于对员工需要类型和特征的识别而提出的"人性"假设，实际上是对管理者对员工所采取的种种不同管理哲学、理念和管理措施的概括及反映。

（2）有关员工群体行为的研究。这一层面的研究突出强调了企业中的员工不是相互孤立的个人，而是各式各样正式和非正式群体的成员，彼此之间存在着一定程度的相互接触、相互影响和相互作用。将员工置于群体的背景中进行研究发现，人在群体中的行为，与其作为独立个人时的行为相比较，会表现出许多独特或差异之处。关于对群体压力、群体中成员互动过程中的动力的研究，以及对群体中沟通问题、竞争问题和冲突问题的研究，构成了群体行为研究的主要内容。

（3）有关组织行为的研究。这是针对组织整体展开行为方面的研究。主要包括"以人为中心"的领导理论、体现"人本"原则的工作设计与组织设计理论，以及组织发展和组织变革理论等。

四、管理理论丛林

20世纪60年代以后，人类在科学技术方面又进入了一个新的阶段。一些新学科门类的出现，为各学科的发展提供了基础和条件，如对系统论、控制论和信息论的广泛研究，就影响到其他许多学科，包括管理科学。而这个时期管理思想的基本特点之一就是流派众多，被美国管理学教授哈罗德·孔茨（Harold Koontz）称为"管理理论的丛林"。孔茨认为，这一"理论丛林"包含十一个有代表性的学派。

（一）管理过程学派

管理过程学派是在法约尔管理思想的基础上发展起来的，其代表人物有哈罗德·孔茨等。该学派认为管理是一个过程，此过程包括计划、组织、领导、控制等若干个职能。这些管理职能对任何组织的管理都具有普遍性。管理者可以通过对各个职能的具体分析，归纳出其中的规律与原则，指导管理工作，提高组织的效率和效益。该学派把它的管理理论建立在以下七条基本信念的基础上：①管理是一个过程，一个由不同管理职能组成的循环过程。②可以从管理经验中总结出一些基本管理原理。这些原理对认识和改进管理工作能起到一种说明和启示作用。③可以围绕这些基本原理开展研究，以确定其实际效用，增加其在实践中的作用和适用性。④这些原理只要未被证明不正确，就可以构成管理理论的有用要素。⑤就像医学和工程学一样，管理是一种可以依靠原理的启发而加以改进的工作。⑥管理学中的基本原理是可靠的。⑦管理学可以从其他学科中吸取一些有关的知识，但它并不是这些学科的杂烩。

（二）人际关系学派

人际关系学派是从20世纪60年代的人类行为学派演变而来的。该学派认为，既然管理是通过别人或同别人协作来完成工作，那么，对管理学的研究就必须围绕人际关系这个核心来进行。该学派把有关社会科学原有的或最新提出的理论、方法和技术均用来研究人与人之间或人群内部的各种现象，从个人的品性动态到文化关系，无所不涉及。这个学派注重管理中"人"的因素，认为人们为实现其目标而结成团体共同工作时，他们应该互相了解。

（三）群体行为学派

群体行为学派是从人类行为学派中分化出来的，因此同人际关系学派关系密切，甚至易于混同。但该学派关心的是群体中人的行为，而不是人际关系。它以社会学、人类学和社会心理学为基础，而不以个人心理学为基础。群体行为学派着重研究各种群体行为方式。从小群体的文化和行为方式，到大群体的行为特点，都在它的研究范围。

(四) 经验主义学派

经验主义学派通过分析经验（案例）来研究管理。代表人物有彼得·德鲁克（Peter F. Drucker），代表作有《管理的实践》《卓有成效的管理者》等；欧内斯特·戴尔（Ernest Dale），代表作有《伟大的组织者》《企业管理的理论与实践》等。这一学派的基本管理思想是：有关企业管理的科学应该从企业管理的实际出发，特别是以企业的管理经验为主要研究对象，将其加以理论化和概括化，然后传授给管理人员或向企业经理提出实际的建议。简言之，该学派认为，管理学就是研究管理经验。通过研究管理实践中的经验或失误，就能理解管理问题，就自然学会了如何有效管理。

(五) 社会协作系统学派

社会协作系统学派的创始人是美国的切斯特·巴纳德（Chester I. Barnard）。巴纳德在其代表作《经理人员的职能》中详细地论述了他的组织理论。巴纳德认为"组织是2人或2人以上，用人类意识加以协调而成的活动或力量系统"。他所强调的是人的行为，是活动和相互作用的系统。他认为在组织内主管人是最为重要的因素，只有依靠主管人的协调，才能维持一个"努力合作"的系统。另外，巴纳德认为，组织不论大小，其存在和发展都必须具备三个条件，即明确的目标、协作的意愿和良好的沟通。①明确的目标。首先，一个组织必须有明确的目标，否则协作就无从发生。其次，组织不仅应当有目标，而且目标必须为组织成员所理解和接受，倘若组织的目标不能为组织成员所理解和接受，也就无法统一行动和决策。②协作的意愿。协作的意愿是指组织成员对组织目标做出贡献的意愿。某成员有协作意愿，意味着要实行自我克制，交出个人行为的控制权，让组织进行控制。若成员无协作意愿，组织目标将无法实现。一个人是否具有协作的意愿依据个人对贡献和诱因进行合理的比较而定。③良好的沟通。良好的沟通是组织存在和发展的第三个因素。组织的共同目标和个人的协作意愿只有通过意见交流将两者联系和统一起来才具有意义和效果。有组织目标无良好沟通，将无法统一和协调组织成员为实现组织目标所采取的合理行动。因此，良好的沟通是组织内一切活动的基础。

该学派从社会学的角度来分析各类组织。它将组织看作一种社会系统，是一种人的相互关系的协作体系，组织是社会大系统中的一部分，受到社会环境各方面因素的影响。管理人员的作用就是要围绕物质的、生物的和社会的因素去适应总的协作系统。该学派对管理学做出过许多值得注意的贡献，一方面把有组织的企业看成是一个受文化环境压力和冲突支配的社会有机体，这对管理理论和实践工作人员都是有帮助的；另一方面该学派对帮助我们认识组织职权的制度基础及非正式组织的影响则帮助更大。

（六）社会技术系统学派

社会技术系统学派的创始人是特里司特（E. L. Trist）及其在英国塔维斯托克研究所中的同事。他们通过对英国煤矿中长壁采煤法生产问题的研究，认为在管理中只分析企业中的社会方面是不够的，还必须注意其技术方面。他们发现，企业中的技术系统（如机器设备和采掘方法）对社会系统有很大的影响。个人态度和群体行为都受到其工作中技术系统的重大影响。因此，他们认为，必须把企业中的社会系统同技术系统结合起来考虑，而管理者的一项主要任务就是要确保这两个系统相互协调。因此，该学派主要研究工业工程学、人机工程等方面。

（七）系统管理学派

系统管理学派主要代表人物是易理蒙特·卡斯特（F. E. Kast）、理查德·约翰逊（Richard A. Johnson）等。该学派认为一个组织的管理者必须理解构成整个运作的每个子系统。所谓系统，实质上就是由相互联系、相互作用的若干要素结合而成的具有特定功能的有机整体。它不断地同外界进行物质和能量的交换，而维持一种稳定的状态。系统管理学派就是以系统为基础来研究管理，强调任何组织都是由若干个子系统所构成。企业的经营系统可以划分为战略子系统、协调子系统和作业子系统。在管理工作中，强调通过各个子系统之间的协调，以实现组织大系统的整体优化，而且所有的子系统都同它们的环境相互作用，因而都受到其环境的影响。

（八）决策理论学派

决策理论学派代表人物是美国的经济学家和社会学家赫伯特·西蒙（Herbert A. Simon），该学派认为组织是由作为决策者的个人所组成的系统。其基本观点是：企业管理问题的主要研究对象不是作业而是决策；决策贯穿管理的全过程，管理就是决策；应该按"令人满意"的准则来决策，而不是按"最优化"的准则来决策。西蒙认为，任何一个成员的第一个决策就是是否参加这个组织；倘若做出参加组织的决策，那么他个人的目标虽然依旧存在，但需要退居第二位并从属于组织目标，该成员要因此做出其他一系列的种种决策。但是，任何个人的决策都不能达到高度的客观合理性，只有组织的决策才能做到这一点。

（九）管理科学学派

尽管各种管理理论学派都在一定程度上应用了数学方法，但只有管理科学学派把管理看成是一个数学模型和程序的系统。它以现代自然科学和技术科学的最新成果（如先进的数学方法、电子计算技术以及系统论、信息论、控制论等）为手段，运用数学模型，对管理领域中的人、财、物和信息等资源进行系统的定量分析，并做出最优规划和决策。它是泰勒科学管理理论的延续和发展。该学派代表人物有布莱克特（P. M. S. Blackett）、埃尔伍德·斯潘塞伯法（E. S. Buffa）等。它的提出使管理从以往定性的描述走向了定量的预测阶段，同时它的应用对管理水平和效率的提高也起到了很大作用。目前较为成熟的管理科学模型有决策理论模型、盈亏平衡点模型、库存模型、网络模型、排队模型、资源配置模型、对策模型等。管理科学在数学规划、对策论、排队论、决策论、模拟方法、管理信息系统、网络分析、可靠性理论、预测技术等方面取得了突出的成就。

（十）权变管理学派

权变管理理论是 20 世纪 70 年代在美国形成的一种管理理论。代表人物是美国尼布拉加斯大学教授卢桑斯（F. Luthans），他在 1976 年出版的《管理导论：一种权变学》中系统概括了权变管理理论。权变，即权宜应变。在企业管理中，由于企业内外部环境复杂多变，因此管理者必须根据企业环境的变化而随机应变，没有一成不变、普遍适用的"最佳"管理理论和方法。卢桑斯认为，过去的管理理论没有把管理和环境很好地联系起来，造成管理观念和技术与实际脱节，不能使管理有效地进行。而权变管理理论则把环境对管理的作用具体化，并将管理理论与管理实践紧密地联系起来。环境变量与管理变量之间的函数关系就是权变关系，这是权变管理理论的核心内容。也就是说，组织所处的环境决定着采用何种管理方式将更适合于组织。为了使问题得到较好的解决，要进行大量的调查和研究，然后把企业的情况进行分类、建立模式，据此选择适当的管理方法。建立模式时应考虑企业规模的大小、工艺技术的模糊性和复杂性、管理职位的高低、管理者职权的大小、下属个人之间的差别、环境的不确定程度六方面的因素。总之，权变理论要求管理者根据组织的实际情况来选择最合适的管理方式。

（十一）经理角色学派

经理角色学派是 20 世纪 70 年代在西方国家出现的管理学派，同时受到管理学者和实际管理者的重视。该学派主要通过观察经理的实际活动来明确经理角色的内容。加拿大管理学家亨利·明茨伯格（Henry Mintzberg）是其主要代表人物，他 1973 年出版的代表作《管理工作的性质》也是经理角色学派最早出版的经典著作。明茨伯格系统地研究了不同组织中五位总经理的活动并得出结论，即总经理并不按人们通常认为的那种职能分工行事，并不只从事计划、组织、协调和控制工作，而是还要进行许多其他的工作。明茨伯格根据自己和别人对经理实际活动的研究，认为经理扮演着十种角色：①在人际关系方面的角色有 3 种：挂名首脑角色、领导者角色及联系人角色；②在信息方面的角色有 3 种：信息接收者角色、信息传播者角色及发言人角色；③在决策方面的角色有 4 种，即领导者角色、故障排除者角色、资源分配者角色以及谈判者角色。经理角色理论受到了管理学者和经理们的重视，但是经理的工作并不等于全部管理工作，管理中的某些重要问题，经理角色理论并没有详细论述。

第三节　现代管理思想的新发展

20 世纪 70 年代以后，各个管理学派相互渗透、互相融合、取长补短，企业管理有趋向全面管理、综合管理的势头，因此有人得出结论，认为这预示着企业管理进入一个新的阶段。甚至更有人预言，这个最新的管理阶段是以决策理论、系统科学和定量分析技术为核心的，从而使管理学迈入精密科学的殿堂。但是，历史的发展不随人的意志而转移，现代管理理论的发展，并未如一些人所预言的那样发展成为一门精密的科学，并且出现许多让人始料不及的新动向。很多管理学著作并没有去继续完善现代管理技术和方法，为优化企业管理寻找一条捷径。相反，许多管理学者均把理论思维的触角深入对日本、美国企业管理的比较研究中去，以期从日本、美国企业管理的实践中找出各自的特点和差异，总结出一套符合实际的最佳经营管理方法。在这些著作中，重点论述了管理众人的重要性，以及企业文化、共同的价值观念、领导作用、领导艺术、领导与职工的关系、管理的艺术、经营优秀企业的管理原则、管理中的软性因素等。在管理理论的发展过程中，出现这样的一种动向也不是偶然的，它有着深刻的历史背景和原因：

第一，西方国家在经历了 20 世纪 70 年代由石油危机导致的经济危机之后，经济有所回升，20 世纪 80 年代初又面临着一场新的经济危机，这使得企业的经营环境更加恶化，竞争也更加激烈，许多中小企业纷纷倒闭破产，甚至一些资本雄厚的大企业也濒临倒闭。面对这种复杂多变的恶劣环境，企业要想保持长远发展，仅靠定量的管理技术、理性模式、矩阵管理制等显然难以奏效，唯有依靠人的因素，充分调动全体员工的积极性和创造性，集中大家的智慧，形成统一的价值观念、行为准则，企业才能获得技术、质量、服务、生产效率等方面的优势，才能处变不惊、随机应变，具有良好的适用性。这对管理理论提出了新的要求。

第二，美国在20世纪70年代后经济发展和产品竞争力都受到了日本的有力挑战。日本在第二次世界大战后向美国学习了科学管理经验，并与其民族文化相结合，形成了"日本式"的管理，这是日本在20世纪60年代到70年代经济高速增长的一个重要因素。

第三，20世纪70年代后，科学技术领域正在酝酿着一些重大突破。新的科学技术成果不断被应用到企业中去，产品更新换代周期大大缩短。新产品不断出现，花样翻新；电子计算机趋向超大型化、高速化、多功能化、微型化以及在各方面广泛普及。这一切不仅使企业内部条件发生了变化，也使得整个社会的生产方式、工作方式、管理方式、生活方式以及人们的需求结构和观念发生了一系列变化。

管理所面对的客观条件更加复杂，管理人员的任务也越来越艰巨，他们依据已有的管理理论和方法去解决实践中多变的管理问题，但却只得到了事倍功半的效果。实践对管理提出了新的问题和任务，推动着管理理论的研究朝着新的方向发展。正是在这样的背景下，20世纪80年代出现了新的管理理论和思想——当代管理理论和思想。

一、组织行为理论

20世纪60年代末，行为科学的又一个重要发展方向是对组织行为的研究，它主要研究组织中人的心理和行为表现及其客观规律，提高管理人员预测、引导和控制人的行为的能力，以实现组织既定目标的科学。其特征是既注意人的因素，又注意组织的因素，如工作任务、组织结构、隶属关系等，在一定意义上，它是人群关系学派和组织理论的综合。20世纪80年代后，组织行为理论得到了很大的发展并且对企业管理的科学化和现代化产生了重大影响。它改变了传统管理对人的错误认识，从忽视人的作用变为重视人的作用。因此，当代管理由原来的以"事"为中心，发展到以"人"为中心；由原来对"纪律"的研究，发展到对人"行为"的研究；由原来的"监督"管理，发展到"动机激发"的管理；由原来的"独裁式"管理，发展到"参与"式管理。在这一时期，涉及组织行为理论的著作是《Z理论——美国企业界怎样迎接日本的挑战》。在1981年首次出版的威廉·大内（William Ouchi）的这本著作中，作者根据对日本、美国各12家较为典型的企业共计4种类型的48个实例的调查对比和综合研究结果，提出Z型组织理论即"Z理论"。威廉·大内认为，美国和日本的管理方式确实有所不同。"日本人成功的秘诀，并非是技术原因，而是他们有一套管理人的特殊方法，即把公司的成员同化于公司的意识，养成独特的公司风格。"Z 理论"强调工人对组织的忠诚，对公司提供终身雇佣制，把对员工的培训和发展作为一项终身的投资。并且，受强调集体和组织重要性的日本文化的影响，日本的工人倾向于以集体或团队的方式来对待工作。管理者应当为人们创造一种鼓励集体决策的工作环境，使人们对其工作绩效负责，允许人们控制自己的行为。通过为员工个体设定目标，将工作集体和个人有机地结合起来。这样，员工不仅会根据个人绩效，也会根据其人际关系技能得到集体的承认和应得的报酬。"Z 理论"的实施需要具有一定弹性、能够对组织内外部环境变化做出反应的组织结构。

二、企业文化理论

西方企业文化研究兴起于 20 世纪 80 年代，它以美国、日本比较管理学研究为起点，迅速形成一种希望从文化角度开辟管理新纪元的世界性潮流。企业文化学派强调管理活动的文化特征，其代表人物是威廉·大内、特伦斯·迪尔和阿伦·肯尼迪等。威廉·大内（William Oouchi）于 1981 年出版了比较美国、日本企业管理的名著《Z 理论——美国企业界怎样迎接日本的挑战》，书中指出，日本之所以能对美国发起全面的经济挑战，是在日本企业中存在着一种可称之为企业文化的价值观念体系，在这套价值观念体系中，企业职工能成为一体，主动、充分地发挥他们的积极性和创造性。后来，特伦斯·迪尔（Terrence E. Deal）和阿伦·肯尼迪（Allan Kennedg）合著了《企业文化——现代企业的精神支柱》一书，对企业文化进行了系统论述。企业文化学派的主要观点是：企业的管理不仅是理论的，而且是文化的；企业文化主要体现为全体成员共同的信念、方向意识、思维方式和日常行为准则；企业领导必须具有文化意识，应关注对企业文化的塑造与培育；未来企业的竞争将主要是企业文化的竞争。

三、企业再造

传统的组织结构建立在职能和等级职能的基础上。虽然这种模式过去曾经很好地服务于企业，但是面对知识经济时代竞争环境的要求，加之企业规模越来越大，组织结构臃肿，该模式的反应已经显得缓慢和笨拙。美国管理学家迈克尔·哈默（Michael Hammer）和詹姆斯·钱皮（James Champy）为了改变这种状况，提出了"企业再造"理论，并于 1994 年出版了《企业再造：企业革命的宣言书》一书，该书一出版便引起了管理学界和企业界的高度重视，迅速流传开来。

所谓企业再造，指从根本上重新思考，并彻底翻新作业流程，以便在如成本、品质、服务和速度等衡量企业表现的关键指标上获得改善。哈默与钱皮认为，自工业革命以来，亚当·斯密的分工理论始终主宰着当今社会中的一切组织，大部分企业都建立在效率低下的功能组织上。公司再造是根据信息社会要求，彻底改变企业的本质，抛开分工的旧包袱，将拆开的组织架构，如生产、营销、人力资源、财务、管理信息等部门，按照跨部门的作业流程，重新组装组织机构。显然，这样一种重新组装是对过去组织赖以运作的体系与程序的一种革命，这种革命将是美国企业恢复竞争力的唯一希望，也是面向未来的唯一选择。福特汽车公司在取得日本马自达公司25%的股权之后，经过观察，福特汽车公司的管理者发现，马自达公司竟然只用了5个人来处理物资采购部门全部的财务会计工作，而福特汽车公司却用了500多人，与马自达公司5人相比，简直是天壤之别。即使福特汽车公司借助办公室自动化，降低了两成的人事费用，仍然无法和马自达公司精简的人事相提并论。其根本的不同之处在于两者作业流程的不同，因此修正这种流程就成为提高企业效率的根本途径。然而修正流程不能仅从财务部门做起，而是要从整个企业的流程改革着手。

流程的改革建立在信息技术高度发展的今天，这是因为信息技术的发展使得效率不一定产生于分工，而有可能产生于整合之中。事实上，现代组织面临的各种管理问题已经很难将其确定为一个专业性的问题，因而将其交给一个分工性的职能部门处理已经不妥。为了针对某一类问题而特设部门进行专门处理，使得本来已经"臃肿"的组织机构更加"膨胀"，这不仅会使管理成本上升，还会造成协调困难、效率降低。在信息技术发达的今天，将综合性问题进行整合处理已成为可能，这就为流程革命奠定了基础。

企业再造的思想将导致传统管理理论与实践进行全面革新，必将迎来全新的管理天地。当然，实践中对流程重新塑造为企业带来惊人变化的例子很多，但由于流程再造失败给企业带来很大损失的例子也不少。

四、学习型组织

学习型组织是彼得·圣吉（Peter Senge）在《第五项修炼：学习型组织的艺术实践》中所倡导的一种新理论。该书的出版在全世界引起了巨大反响。彼得·圣吉以全新的视野考察影响组织危机最根本的症结所在，就是由于组织及组织成员片面和局部的思考方式及由此产生的行动所造成的。为此需要突破习惯的思考方式，排除个人及组织的学习障碍，重新塑造企业的价值观念、管理方式及方法。为此，彼得·圣吉提出了要建立学习型组织，并认为"五项修炼"是建立学习型组织的技能。所谓"修炼"，对组织而言，就是通过学习和训练，提高组织内部结构、机能对社会、市场变化的适应能力；对个人而言，是指通过学习提高自身素质。

彼得·圣吉提出了学习型组织的"五项修炼",认为这"五项修炼"是学习型组织的技能。"五项修炼"的内容包括:

第一项修炼:自我超越。指学习不断深入,并加深个人的真正愿望,集中精力、培养耐心,并客观地观察现实。它是学习型组织的精神基础。自我超越需要不断地认识自己,认识外界的变化,不断赋予自己新的奋斗目标,由此超越过去,超越自己,迎接未来。

第二项修炼:改善心智模式。心智模式是指根深蒂固于每个人或组织之中的思想方式和行为模式,它是影响人或组织如何了解这个世界,以及如何采取行动的许多假设、成见,甚至是图像、印象。个人与组织往往不了解自己的心智模式,故而对自己的一些行为无法认识和把握。第二项修炼就是要把镜子转向自己,先修炼自己的心智模式。

第三项修炼:建立共同愿景。如果有任何一项理念能够一直在组织中鼓舞人心,凝聚一群人,那么这个组织就有了一个共同的愿景,就能够长久不衰。如福特汽车公司的"提供大众公共运输"、苹果电脑公司的"提供大众强大的计算能力"等,都是为组织建立共同努力的愿景。

第四项修炼:团体学习。团体学习的有效性不仅在于团体整体会产生出色的成果,而且其个别成员学习的速度也比其他人的学习速度快。团体学习的修炼是"深度汇谈"。"深度汇谈"是团体中的所有成员提出心中的假设,以此来实现一起思考的能力。

第五项修炼:系统思考。组织与人类其他活动一样是一个系统,会受到各种细微且息息相关的行动而彼此影响,这种影响往往要经年累月才能完全展现出来。成员通常作为整体的一部分,置身其中而想要看清整体的变化非常困难,久而久之,也就形成了"见木不见林"的思考模式,要想看清整体的变化非常困难。因此,作为第五项修炼的系统思考,是要让成员形成系统观察、系统思考的能力,并系统地、动态地观察世界,从而决定我们的行动。

五、信息管理

在20世纪,电子数据处理方式取代了人工操作处理方式,这拉开了信息技术纪元的序幕。在20世纪80年代后期,信息技术和互联网的冲击开始影响管理者管理工作和人员的方式。

信息技术和互联网对管理者的影响十分巨大,信息技术在以下三方面改变了管理者的工作:①管理者一般通过电子邮件进行人际沟通,甚至在寄送解雇通知方面也是如此,而不是通过电话交流或者面对面的沟通;②许多管理者通过使用互联网操作交易的方式来组织销售和营销;③管理者可以通过电子邮件接收到组织内各个层次员工的信息，这使其可以更民主地管理组织。

六、虚拟组织

虚拟组织是指两个以上的独立实体，为抢占市场份额，在一定时间内结成的动态联盟。它不具有法人资格，也没有固定的组织层次和内部命令系统，而是一种开放式的组织结构。因此可以在拥有充分信息的条件下，从众多的组织中通过竞争招标或自由选择等方式精选出合作伙伴，迅速形成各自专业领域中的独特优势，实现对外部资源的整合利用，从而以强大的结构及成本优势，完成单个企业难以承担的市场功能，如产品研发、生产和销售。虚拟组织中的成员可以遍布世界各地，彼此也许并不存在产权上的联系，不同于一般的跨国公司，虚拟组织中的成员相互之间的合作关系是动态的，完全突破了传统上以内部组织制度为基础的管理方法。

虚拟组织的特征表现在以下三个方面：①虚拟组织具有较强的适应性，在内部组织结构、规章制度等方面具有灵活性和便捷性。②虚拟组织共享各成员的核心能力。③虚拟组织中的成员必须以相互信任的方式行动。

虚拟组织的应用具有很高的价值。随着信息技术的发展、竞争的加剧和全球化市场的形成，没有一家企业可以单枪匹马地面对全球竞争。因此，由常规组织向虚拟组织过渡是必然的，虚拟组织日益成为公司竞争战略"武器库"中的核心工具。这种组织形式有着强大的生命力和适应性，它可以使企业准确有效地把握住稍纵即逝的市场机会。这对小型企业来说尤为重要。例如，一家名为 Tele-pad 的小型公司最初生产手写型电脑输入设备，后来扩展到多媒体输入系统。这家小型公司使用著名设计公司的设计，让国际商业机器公司（IBM）生产，仅使用 28 个临时工、4 个长期雇员，在 12 个月内就成功地推出了 4 款新产品。当 Tele-pad 说国际商业机器公司（IBM）加工它们的产品，并且它们与其他大公司有业务联系时，它们就会在业务融资、展示实力、实现承诺等能力上获得重要的信誉。

七、商业生态系统理论

长期以来，人们形成了一种"商场如战场"的观念。在这个没有硝烟的战场上，企业与企业之间、企业部门之间，乃至顾客之间、销售商之间都存在着一系列的冲突。

当今的商场已不是早期人们所想象的那种你死我活的争斗场，而是由各种共生关系组成的生态系统，大家各司其职、共存共竞。在企业中则鼓励多元文化的存在，这种商业生态系统能有效地利用生态观念制定企业策略。这些策略是：①鼓励多样化。具有多种生命形态的生态系统是最坚强的生态系统。同样地，多样化的公司是最有创造力的公司。这种多样化不仅表现在公司业务内容与业务模式上，而且还表现在用人政策上。②推出新产品。在生态系统中，生命靠复制来繁衍，每一代生产下一代以确保物种生存。产品寿命有限，不论今日多么成功，终将被下一代产品取代，因此需要不断地推出新产品。③建立共生关系。共生是指两种或多种生物互相合作以提高生存能力。传统企业视商业为"零和竞赛"，从不考虑互利或共生关系，主张"绝对别把钱留在桌面上"。新型企业总是寻求双赢的共生关系，既在合作中竞争，又在竞争中合作，由此产生了一个新词汇，即竞合。例如苹果公司与微软公司的关系就是竞合关系。

八、企业整体策略理论

美国耶鲁大学企业管理学教授戴维·J. 科利斯（David J. Colis）与哈佛大学企业管理学教授辛西娅·A. 蒙哥马利（Cynthia A. Montgomery）在《哈佛商业评论》双月刊上撰文指出，有些企业在多元化的发展上一帆风顺，而有些企业则惨遭失败，其成败关键就在于企业整体策略。他们在"资源竞争论"的基础上，进一步提出"以资源为核心"的企业整体策略，指导企业创造更大的整体竞争优势。卓越的整体策略能够通过协调多元事业来创造整体价值，让"1+1>2"，而不仅是零散的事业集合。企业要制定卓越的整体策略，首先要有整合观念。制定卓越的策略，是许多企业经理人努力的目标。有些人从核心能力着手，有些重整事业组合，有些则努力建立学习型组织。但是，这些做法都只是在单一要素上着力，并没有将资源、事业与组织3项因素整合为一个整体。以策略创造企业整体优势的精髓就是将资源、事业与组织这3项构成"策略金三角"的要素合为整体。

在卓越的整体策略中，资源是串联事业与组织结构的线，是决定其他要素的要素。企业的特殊资产、技术、能力都是企业的资源。不同的资源需要不同的分配方式，也需要配合不同的控制系统。卓越的整体策略不是随意的组合，而是精心设计的整体系统。

 本章小结

管理实践有悠久的历史，可以追溯到人类的起源。人类对管理进行系统的研究并形成管理理论是在19世纪末20世纪初，之后管理理论得到了迅速发展，尤其是在第二次世界大战之后，许多学者和管理学家从不同角度提出了各

自的理论和新学说，形成了"管理理论的丛林"。

　　泰勒的科学管理理论、法约尔的一般管理理论以及韦伯的行政管理理论构成了古典管理理论的框架。古典管理理论开辟了管理理论的新纪元，奠定了现代管理理论的基础。古典管理理论是以"经济人"假设为前提，其理论有创新性、积极性，也有片面性、局限性。

　　行为科学理论抛弃了以物质为中心的管理思想，并开始以人为中心进行管理理论的研究。梅奥的人群关系理论为管理的研究开辟了新的领域，使人们开始关注人的因素，为管理方法的变革指明了方向，开辟了管理学研究的新领域。

　　第二次世界大战以后，随着管理热潮的掀起，出现了众多的管理学家，产生了多种管理理论，形成了百家争鸣的格局。管理者需要走出"丛林"，探索符合新时代、新社会的管理理论和方法，因此，出现了很多全新的管理理论，中国在学习和借鉴国外管理理论的基础上，不断地探索符合中国特色的管理理论，促使管理水平逐步提高。

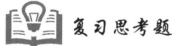 复习思考题

　　(1) 以儒家思想为代表的中国传统管理思想和管理文化的内核是什么？

　　(2) 简述中国共产党领导下的公营（国营）企业管理的发展阶段及其特点。

　　(3) 泰勒科学管理理论的主要内容有哪些？为什么说泰勒是"科学管理之父"？

　　(4) 法约尔提出了哪些管理职能和管理原则？

　　(5) 韦伯的官僚制组织的基本特征是什么？

　　(6) 人际关系学说的主要论点有哪些？

　　(7) 简述"管理理论丛林"中几个主要学派的基本主张、观点与代表人物。

　　(8) 如何看待现代管理发展的新趋势？

第三章　管理的理念

 **管理格言**

子曰："志于道，据于德，依于仁，游于艺。"——《论语》

 **学习目标**

- "道德仁艺"：管理者心性管理的总纲领。
- "五伦"与管理：人与组织和谐的基石。
- 生态与管理：人与自然和谐共生的法宝。

转变观念　解决问题

在我们生活的世界中，存在着各种各样的问题、矛盾和冲突。概而言之，各种矛盾和冲突不外乎以下两大类：第一类，人类社会内部的矛盾。包括人与人之间、人与组织之间、人与社会之间、人与国家之间、人与世界之间的矛盾，以及组织和组织之间、组织和国家之间、国家和国家之间的矛盾等。第二类，人与自然之间的矛盾。包括组织和自然之间、社会和自然之间、国家和自然之间的矛盾等。那么，各种矛盾和问题产生的终极原因是什么？这些问题怎样才能从根本上得到解决？这些问题考验着管理者的智慧，亦给管理者提出了严峻的课题。

2014年3月27日，习近平总书记在联合国教科文组织总部的演讲中指出："在教科文组织总部大楼前的石碑上，用多种语言镌刻着这样一句话：'战争起源于人之思想，故务需于人之思想中筑起保卫和平之屏障。'"人祸一定是人造成的，很多天灾也和人的思维方式、行为方式密切相关，因此，产生各种问题的终极原因在于人。就现实的个体来说，思想中都有善的一面，亦有恶的一面，这是我们每个人都不能否认的事实。各种问题、矛盾、冲突甚至战争的产生，都是人性中"恶"的因素占上风，主导人的思想、言语和行为，因此人类社会的各种危机可以归结为人性的危机。要想减少问题、化解矛盾就要抑恶扬善，必须用人性中的善主导人的灵魂，这样才会有善念、善言、善行，才会实现管理的终极目标——国泰民安、世界和平。

那么，人性中的善是什么呢？就是道德，就是仁爱。作为管理者，既要管理好自己，努力提高道德境界，使自己具备高尚的道德人格；又要以此为基础，仁爱他人、社会、万物，管理好组织，即处理好人与人之间、人与社会之间、组织和组织之间的矛盾以及人与自然之间、人与宇宙之间的矛盾。

第一节 "道德仁艺"：管理者心性管理的总纲领

关于道德的概念，通常的解释是指以善恶为标准，通过社会舆论、内心信念和传统习惯来评价人的行为，调整人与人之间以及个人与社会之间相互关系的行动规范的总和。这种解释没有把道德所蕴含的深层内涵揭示出来。那么什么是道德？要想说清楚这个问题，我们需要回到《论语》中，即子曰："志于道，据于德，依于仁，游于艺。"

一、"志于道"与管理者的"道本管理"[①]

《论语》云："子曰：'志于道，据于德，依于仁，游于艺。'"孔子说的这句话，不仅是整个儒学的总纲，更是整个中华文化的精髓，它是使人一生保持正确方向，不断提升自己精神境界的至真至正之理。"志据依游"是孔子教人求学的方法，"道德仁艺"是孔子教人所求的真实学问。道是体，德是相，仁艺是用。那么，究竟何为道？何为德？仁艺又是什么？四者之间又具有怎样的逻辑关系？这里首先来探讨"志于道"。

---

① 这里是借用南开大学齐善鸿教授关于"道本管理"的提法。

"志于道"，《说文解字》认为："志，意也。从心，之声，职吏切。""志"就是心所努力的目标和方向，目标和方向就是道。那么，何为道呢？

第一，在古语中，道的基本意思是道路，是方向①。《说文解字》曰："道者，路径也。"《孟子》中称："夫道若大路然，岂难知哉？"朱熹在《四书集注》中注云："人所共由谓之道。"可见，道的语义是"道路"的意思，道就是为人所走的道路。这种关于"道"即道路的解释从"道"字的演变中也可以加以说明。甲骨文的"道"字"从行从止"（见图3-1），用"十字大路"和"一只脚"来表示行走之路。金文的"道"字，演变为"从行从首"。这是说，"道"在此时，已指那种直通大路，在很远之处便可以看清人面目的宽广大路。小篆的"道"字，承接第二款的金文，成为一个"从辵从首"的会意字，楷书缘此而写作"道"。

甲骨文　　　　　金文　　　　　小篆　　　　　楷体

图3-1　"道"字的演变

第二，道是本体。道不仅具有道路之意，而且意味着道本身，它规定了人和万物的道理和规律，也就是说人和万物的道理和规律，是由"道"而获得并展现的，所以"道"具有本源创生者的意义，是宇宙万物的本体。《道德经》中云："有物混成，先天地生。寂兮寥兮，独立而不改，周行而不殆，可以为天下母。吾不知其名，字之曰道，强为之名曰大。"翻译过来即"有一个浑然一体的物体，在天地出现之前就存在了。它寂静无声、空虚无形，独立长存而不改变，循环运行而不止息，可以作为天下万物的母体。我不知道它的名字，勉强叫它道。"道先天地生、寂静空虚、无形无相，是万物的本体，具有"本根性"。道的"本根性"从时间上来讲，表现为先于天地而存在；从共时性上来讲，"道"是天地万物统一共存的基础，是天地万物的存在根据，万物因"道"而获得存在之基。"道"生成万物，又寓于万物之中，"道"在物中，物在"道"中。《六祖坛经》中有："何期自性，本自清净；何期自性，本不

_____

① 方向永远比努力更重要。

生灭；何期自性，本自具足；何期自性，本无动摇；何期自性，能生万法。"在六祖惠能看来，包括人在内的宇宙万物的本性（本体）清净无染、不生不灭、完满自足、本无动摇、能生万法。这里，六祖惠能把宇宙的本性作为自性。其关于自性的描述与老子在《道德经》中关于"道"的描述只是语词不同，而真实内容却相同。六祖惠能说的"本自清净""本无动摇"就是《道德经》中的"寂兮廖兮"；"本自具足""本不生灭"就是"独立而不改，周行而不殆"；"能生万法"就是道为"天下母"。儒家经典《中庸》云："天命之谓性；率性之谓道"，天命是天然而有之意，就是说天然而有的（纯净纯善）就是性。"纯净纯善"的"善"是超越善恶二元对立的无情无思、无善无恶的"净善"，这里的"善"就是"净"，"净"就是"善"。性是人人本有，故云天命之谓性。循着纯净纯善的性不变，即为道。

简言之，虽关于世界本体的阐述用词不同，但意思一致。道家认为世界的本体是道，道寂兮寥兮、湛然无染；道是宇宙的本体，是生命的本源，是万物的根本。本体没有形象，眼耳鼻舌身等感觉器官感觉不到，意念想象不到，也不能用语言清晰准确地表达出来，正所谓"道可道，非常道"，讲出来的只是近似，只是大概，道只能去悟。道本自清净、本不动摇、能生万法，因此由道所产生的具有主观能动性的人的思想、言行应该回归人的本来状态——道的状态。

第三，道是规律。道无形而不可见，恍惚而不可随，但它作用于万物时，却呈现出规律性。在老子看来，宇宙万物的运动和变化莫不依循着"返"的总规律，正所谓"反者道之动"。也就是说，道的运行规律是道生万物、万物又回归其根本的过程。在《道德经》第二十五章中，老子说：道"独立而不改，周行而不殆……大曰逝，逝曰远，远曰返"。这里就说明了"道"伸展遥远而返回本源的过程。在第十六章中，老子说"致虚极，守静笃；万物并作，吾以观其复。夫物芸芸，各复归其根。归根曰静，是谓复命。复命曰常，知常曰明，不知常，妄作，凶"。老子认为，包括人在内的纷纷纭纭的万物，最后都要各自返回它的本根，这是万物运动的总规律。因此，作为具有主观能动性的人，应该悟道、知道、合道，否则就会受到规律的惩罚。

综上所述，道是道路、方向；是本体——清净无染、本无动摇，支配万物的运行。无论从哪种意义上讲，人都应该"志于道"。否则，我们人生的方向就会偏离正确的轨道甚至南辕北辙，就会因违背"道"而使人生布满荆棘。

中华优秀传统文化中关于"道"的阐述对管理者的人生方向以及心性管理具有重要的指导意义。中外很多企业家都把对于"道"的追寻和坚守作为自己人生和事业的最高指导原则。被誉为"经营之圣"的日本企业家稻盛和夫先生提出"敬天爱人"，就是说无论做人还是企业经营，都要依循自然而然

之理和人间之正道——亦即天道。方太集团董事长茅忠群先生践行孔子的
"志于道，据于德，依于仁，游于艺。"提出"中学明道""经营之道就是修己
安人"等。吉林修正药业集团董事长修涞贵遵循"内圣外王"之道，指出
"人生就是一个通过不断修'道'而达到自我完善的过程。"优秀企业家的这
种"以道为本"的管理原则正是对儒家"志于道"的继承和在企业管理中的
落实，构成管理者心性管理的核心。

二、"据于德"与管理者的直心管理

作为本体的道无形无相，我们无法用感觉器官去感知，但道有显相，显相
和表现就是德，即所谓"道是体，德是相"。要想证道、明道，就要从相上入
手，就要"据于德"。《说文解字》中有："据，杖持也"，好比拿了一根拐杖，
这叫"据"。德如杖，必须持之勿失，失持则倾，倾则失正，离开了对德的坚
守，就难以明道。

那么，德是什么？

第一，随顺"道"是"德"。"德"是一个会意字。甲骨文"德"字中的
"彳"符号，表示道（道路），"ϙ"则表示用眼睛直视前方。表示目不斜视，
双脚不偏离道路，直达目标。金文的"德"字在"ϙ"下又添加了一个
"心"的象形图案，强调了不仅要目光直视，而且必须这样去"想"。小篆秉
承金文，楷书缘此写作"德"，如图3-2所示。

| 甲骨文 | 金文 | 小篆 | 楷体 |

图 3-2　"德"字的演变

可见，从"德"字的演变看，"德"必须从彳，即从"道"。就是说，随
顺道就是"德"。这种解释在《道德经》中亦有表述："孔德之容，惟道是
从"，就是说，大德的模样，随顺道而变化。

第二，直心为德。"据于德者。不动谓之性，动则谓之心，此心正直，故
曰德。"《六书精蕴》中有："直心为悳"。"悳"是古字的写法，上直下心，

即是德字。本性道是不动的，动的叫心。心初动之际，这个心是正直的，也叫真心，这个正直的心就叫德。道生万物，万物便具有道的属性，因此作为万物之一种类的人也自然具有道的属性。这种属性表现在人心初动之际，就呈现出无分别的真诚心、清净心、平等心、无私心、慈悲心、纯净纯善心等，这些"心"统统为"德"，它是从不动的本性里所流露出来的。这里我们再借用《尚书》《道德经》中的话来解释何为德？《尚书》曰："人心惟危，道心惟微"，这里把心分为人心和道心，人心是恶心，是危险的；道心是直心，就是从"道"所流露的心，就是"德"。《道德经》中说："上德不德，是以有德；下德不失德，是以无德。""德"源于"道"，通于"道"，其体性特征亦同于"道"。道的特性应之于人，则为"上德"。"上德"就是直心，它是内在的、自然的、无为而为的，是"道"的自然流露；"下德"是外在的、表面的，故意彰示的"德""下德"虽处处显示有"德"，其实并不算"德"。简言之，直心就是"道心""上德"，是没有被任何邪心、邪念污染的清净心、平等心、仁爱心和怜悯心。

第三，"德"就是"得"。古文中的"德"是通假字，通"得到"的"得"。也就是说，"道德"的"德"跟"得到"的"得"是一个意思。朱熹说："德者，得也"。按照"德"来生活、工作、待人接物，就能"得"。能得什么？一是能得"道"。李炳南先生在《论语讲要》中说："本性不动，动须省察修持，修不失正，是谓之得。"我们的本性（道）虽然不动，但是现实中的人确实在思想，在动。但在一念初动时，能立即觉察，觉察了则德明而不昏，故称明德。通过省察而得明德（道），就叫"得"。二是从形而下的意义上说能得"物"。厚重的德行能承载万物，这里的物亦包括人。《尚书·洪范》有"五福：一曰寿，二曰富，三曰康宁，四曰攸好德，五曰考终命。"的记载。五福当中，最重要的是"好德"。有着敦厚纯洁的"好德"，才可以培植其他四福使之不断增长。

中华文化中关于"德"的阐述对管理者具有重要的指导意义。我们的本性是不动的，这是我们追求的目标，是我们努力的方向。本性的流露是德，随顺道是德，直心是德。作为人，管理者不可能没有思想，关键是想问题、办事情要严格管理自己的内心，使自己永远保持一颗自然的、无为而为的、平等的、无染着的、善良的心。如果在一念初动之时，觉得这个念头不对——是贪婪、是傲慢、是自私自利、是损人利己、是不忠不义等，要立刻把这个想法放下，使企业永远保持正确的发展航向。

首先，管理者要保持定力。作为管理者，需要对组织进行计划、组织、领导和控制，需要对组织发展的长远问题、全局问题等做出正确的决策。这就需要管理者在面临纷繁复杂的内外部环境时，须保持定力，顺道而思，以不变应万变，保持一颗平常心，理性思考，这样才能做出明智的选择。

其次，要遵循纯净纯善、无私无欲的本性做事。"道"对于万物是"生而不有，为而不恃，功成而弗居"。"道"生养了万物而不据为己有，培育万物而不自恃己能，功成名就而不自我夸耀，说明"道"是没有欲望和偏私的，正所谓"大道之行也，天下为公"。在本源意义上，人和天地一样乃为"道"所化生，既然人也是"道"化生者之一，因此人的自然本性也就必然是无私无欲的。无私无欲就是善，善就是慈爱，就是利他。老子十分崇尚水德，《道德经》有"上善若水，水善利万物而不争，处众人之所恶，故几于道。"具有最高善德的人，有功劳而不争名争利，甘心居于卑下的地位，这就接近于"道"无私无欲的本性。无私无欲而不争，不争则善；有私有欲必争，争则恶。作为管理者，一定要遵循纯净纯善的、无私无欲的本性做事，最大限度地"志于道"，接近于"道"。

最后，在《活法》一书中，稻盛和夫先生总结了自己人生成功的经验，他说："怎样做才能使我们的人生更美好、更幸福，我用下面这个方程式来说明：人生·工作的结果＝思维方式×热情×能力。"在稻盛和夫先生看来，"时刻不忘正面的'思维方式'，发挥天赋的能力，倾注全部的热情，这就是人生获得巨大成果的秘诀，这就是人生成功的王道。因为这种人生态度符合宇宙的法则。"宇宙的法则就是道。只要顺着宇宙的法则去思想、去工作就会有好的人生和事业。那么，正面的"思维方式"是什么呢？稻盛和夫先生说，就是有感恩心、利他心、充满善意、同情心、关爱心、勤奋、知足、不自私、不贪欲等。在稻盛和夫先生看来，正是这些简单的伦理观、道德律，才是绝对不可忽视的真理，也是"作为人，何为正确"的准则。正是有一颗上德之心、至善之心，使稻盛和夫先生创建了两个世界500强企业，并成功挽救了日本航空公司。

三、"依于仁"与管理者的仁爱管理

上文提到，道是体，德是相，都是内在的。那么仁呢？"仁是用之总，譬如总根，半内半外。"仁，有内在，也有外在，它有部分属于德，好比一棵大树，它的一部分根露在外面，与树干连在一起，这个根是半内半外的。内，通道、通德；外，连着艺。"艺是用之别，喻如枝干，纯属于外"，艺纯粹是外在的用，它是枝干，枝干是显露在外的，这是仁的显发。

《论语》中，"仁"字出现的次数有学者说105次，也有学者说是108次或109次，《论语》492章，论及仁者达58章，超过1/10。"依于仁"，依，倚也，依靠的意思。那么，何为仁呢？

仁有广义和狭义之分。广义的仁是"全德"之称，"子张问仁于孔子。孔子曰：'能行五者于天下，为仁矣。'请问之。曰：'恭、宽、信、敏、惠。恭则不侮，宽则得众，信则人任焉，敏则有功，惠则足以使人。'"狭义的仁是德的具体化，仁的内涵是什么呢？

在《说文解字》中，认为"仁，亲也，从人，从二。"仁就是亲切，就是爱。从"仁"的结构上看，从人从二，单人旁一个二字，就是仁。这两个人是谁？一个是自己，一个是别人。我要爱自己，也要爱别人，并像爱自己一样爱别人，所以叫"仁者爱人"。"仁者爱人"是叫我们回归本性——道的一种方法，让自己爱人如己，虽然自己和他人是有区分的，但没有关系，在区分里面我们仍要产生善念，要爱别人，把自己忘掉，纯粹为他人着想，全心全意为人民服务，达到至善的纯净境界。

（一）仁者自爱

《荀子》有："颜渊入，子曰：'回，知者若何？仁者若何？'颜渊对曰：'知者自知，仁者自爱。'子曰：'可谓明君子矣。'"《临川文集》言："故知己者，智之端也，可推以知人也；爱己者，仁之端也，可推以爱人也。夫能尽智仁之道，然后能使人知己、爱己，是故能使人知己、爱己者，未有不能知人、爱人者也。"在这两段话中，肯定了"仁者自爱"的思想。前文所述"志于道，据于德"的内在意蕴就是真正的自爱，即给予自身生命正确的终极关照。《论语》中的"古之学者为己"也是此意。《大学》之"所谓诚其意者，毋自欺也"，以及《中庸》之"成己，仁也。"这些更加明确了儒家"仁者自爱"的思想，"仁者自爱"是儒家仁学的逻辑起点。儒家认为，仁爱起于自爱，由自爱而孝悌，由孝悌而爱自己的亲人，由爱自己的亲人而爱周围的众人，从而泛爱众、爱人类。这其中的逻辑关系就是由内及外、推己及人，仁爱就是由此产生的。所以，《孝经》曰："不爱其亲而爱他人者，谓之悖德；不敬其亲而敬他人者，谓之悖礼。"自爱与爱人是由此及彼、相通相依的。关于自爱，《道德经》中还有这样一段话："是以圣人自知不自见，自爱不自贵。故去彼取此。"意思是说，圣人有自知之明，但不自我标榜、自我抬高，要谦虚谨慎；自爱自重，但不自我尊贵。所以，要学习圣人，去掉"自见""自贵"，保留"自知""自爱"。这样做，就能得到群众的拥护和支持，天下就会和谐太平。这里，老子的观点与儒家的观点一致，圣人君子应自爱。

自爱不是自私、自利，而是对自己的严格自律，不去做违背道德、违背仁义的事，践行仁义礼智信，做到温良恭俭让，不断要求自己改过迁善，从而不断提高自身的道德修养和精神境界，使自己成为"一个高尚的人，一个纯粹的人，一个有道德的人，一个脱离了低级趣味的人，一个有益于人民的人。"

《中庸》道："诚者，非自成己而已也，所以成物也。成己，仁也；成物，知也。"其中"己—他"的共生共存共赢关系体现了中国传统哲学的合一思维，而其逻辑与实践起点则是自爱。自爱才会爱人，自爱才能影响周围的人去推行仁爱。现今社会就缺少这点，一些人自私自利，甚至为了贪图权势名利不择手段。自私自利是不知道自爱，自爱的人一定是向上提升自己的道德境界，一定是止于至善。自爱是性德的核心，万善的根源。

（二）仁者爱人

《论语》有："樊迟问仁。子曰：'爱人。'"孔子的学生樊迟请教孔子什么是"仁"，孔子回答说："爱人。"《孟子》有："恻隐之心，仁也。"仁者爱人，有礼者敬人，爱人者，人恒爱之；敬人者，人恒敬之。""恻隐之心"即是同情心、怜爱心，孟子强调"仁"的内涵是"爱人"。《荀子》中"子贡入，子曰：'赐！知者若何？仁者若何？'子贡对曰：'知者知人，仁者爱人。'子曰：'可谓士君子矣。'"可见，"仁"的基本内涵是"爱人"。儒家认为，爱人要从孝悌开始，然后推广到社会层面，做到"泛爱众"。

第一，仁者孝悌。"爱人"要从孝养父母、恭敬兄长开始。孔子的学生有子说："孝弟也者，其为仁之本与！"善于侍奉父母为孝，尊敬兄长为悌。孝悌是实现"仁"的根本。《中庸》曰："仁者，人也，亲亲为大。"仁就是讲人，我与人的关系，其中亲爱父母是最重要的。《孟子》曰："亲亲，仁也；敬长，义也。"亲爱父母，就是仁。《孟子》云："仁之实，事亲是也；义之实，从兄是也。"仁的实质是孝顺父母。如果一个人对于生养自己的父母都不孝敬，同时不能恭敬、友爱自己的兄弟姐妹，使父母安心，他还有什么仁爱之心呢？

孝包括孝父母之身、孝父母之心、孝父母之志、孝父母之慧；有小孝（孝于家庭）、有大孝（孝于国家）；有近孝（孝于一时）、有远孝（孝于万古）。孝是所有其他爱的基础。

第二，仁者爱众。《论语》言："弟子入则孝，出则弟，谨而信，泛爱众，而亲仁。"在"入则孝，出则弟"之后，孔子接着就讲"泛爱众"。"泛爱众"除了主要指爱人以外，也包含着爱物。《孟子》有："老吾老以及人之老，幼吾幼以及人之幼""亲亲而仁民，仁民而爱物。"

上述"依于仁"的阐述对管理者的心性管理具有现实的指导意义。由上可知，德是直心，是爱无差等，是无分别的爱，但普通人极难做到。仁则根据与自己亲疏远近的不同，给出了爱的"路线图"，即由近及远，最终实现泛爱众。作为管理者，首先要自爱，不断完善自己；其次要孝顺父母，亲爱家人；再次要爱自己的员工、顾客和其他利益相关者；最后爱国家、爱社会。《孟子》中有，"爱人者，人恒爱之；敬人者，人恒敬之。"以仁爱之心来管理企业，定会激发员工的工作热情，赢得顾客的情感和尊敬，得到利益相关者和社会的拥护，这样的企业，一定会有良好的经营业绩。

稻盛和夫先生对京瓷集团的经营理念是"在追求全体员工物质和精神两方面幸福的同时，为人类社会的进步发展做出贡献"。在稻盛和夫先生看来，企业经营的目的首先是保障员工的生活和幸福，但如果仅是这一个目的，就会陷入只为自己一家企业谋利的本位主义。企业是社会组成部分，还必须为社会、为世人承担责任和义务。这样的经营理念，表达了企业不仅要关爱员工，同时还要爱社会、爱世人，这是一种高尚的大爱精神。《活法》一书中道："经营企业不光是自己公司要盈利，也要考虑客户的利益，还要对消费者、股东、地区做出贡献。另外，与自己个人比，要更多地为家庭；与家庭比，要更多地为地区；与地区比，要更多地为社会，进而为国家、为世界、为地球做出贡献，利他之心尽可能扩大，尽可能提升。"

四、"游于艺"与管理者的精益管理

艺，古字写作"埶"，"埶"始见于商代，其古字形像一个人双手执草木，表示种植。种植草木是一种技术，所以，"艺"有又引申为"才能、技能"等义。在孔子的时代，"艺"主要指礼乐射御书数六艺，今天泛指各种行业、各种技能乃至个人的行为举止。西方管理学中计划、组织、领导、控制亦属于"艺"的范畴。在对待中外管理理论与实践的态度上，坚持"中学明道，西学优术，中西合璧，以道驭术"的原则。术，就是艺。"艺"如果离开"道"的统摄，就可能偏离道的方向而滑向恶。

"游于艺"，游是泳的意思，指潜入水底游，代表深入。我们选择了一种行业、一种技能，就要锲而不舍、一门深入，这样才会对这个行业越做越精，越做越纯熟，最后得心应手、游刃有余，这就叫"游于艺"，这样的精神就是一种工匠精神。

艺和仁是什么关系呢？"由仁发艺，以艺护仁，仁艺相得，喻如根干互滋。""仁"就是爱心，由仁发艺，"发"是发挥，发出来的叫"艺"。因为心地是仁，所以发出来的艺都与仁相应，一切的行为举止、各种技能的操作都是仁爱的发挥。同时，艺能护仁。不管从事工、农、商、学等各种不同的行业，都可以在自己从事的这些行业和技能中磨炼自己的性情，滋养自己的爱心，使自己本善的性德不断地得到彰明，这就是"以艺护仁"。

"仁艺相得"就是仁和艺相辅相成、相互促进。以"艺"中的言行为例，言行向善，能使我们的心灵变得更善；心灵变得善了，我们的言行又更加善，相辅相成。"喻如根干互滋",像一棵树,根和枝干互相滋养,根吸收大地的水分去滋养枝干,枝干吸收阳光,通过光合作用,形成养料又输送到根,相得益彰。

上述有关"游于艺"的阐述对管理者心性管理以及企业经营管理具有现实的指导意义:

第一,企业在提供产品或服务时,要精益求精,确保产品、服务的质量,要真正做到"游"的标准。稻盛和夫先生的"京瓷初次接到 IBM 大笔零件订单时,其规格要求之苛刻简直令人难以置信。当时一般的规格要求只用一张图纸,但 IBM 却有整整一本,内容周密而严格。几次试做都不合格。经过努力,我们自认为做出了符合规格的产品,结果却被打上不合格品的印章悉数退回"。后来,"经过反反复复、异乎寻常的努力,我们终于做出了满足客户苛刻要求的完美无缺的产品。工厂连续两年多满负荷生产,数量巨大的成品全部按照交货期顺利出货。"在制作新型陶瓷产品的过程中,也是经过了多次改进,多次试验,最终生产出了完美无缺的产品。

第二,由于"艺"前面与"仁"相连,因此企业家在提供自己的产品或服务时,要"由仁发艺",把仁爱之心嵌入商品或服务上;同时在生产产品或提供服务的过程中"以艺护仁",通过各种不同的行业或工作磨炼自己的性情,提升自己的爱心和境界,由此形成"仁艺相得"的良性循环。20 世纪 80 年代中期之前,稻盛和夫先生"为了降低比国外高得离谱的通信费用",使国民享受电话费用下降的好处,催生了设立 DDI,即电信运营商(现在的 KDDI)的想法。可是"虽然有了这个念头,但我却没有立即报名参与。因为我需要严格自问:在我的参与动机里有没有夹杂私心。为此,每晚临睡前,我都要自问自答'你参与通信事业,真的是为了国民的利益吗?没有夹杂为公司、为个人的私心吗?是不是想出风头、要引人注目呢?你的动机真的纯粹吗?没有一丝杂念吗?'反复这样的自问自答,就是说,是不是'动机至善、私心了无'——一次又一次,我不断扪心自问,借以审视本人动机的真假善恶。就这样,经过整整半年,终于确信本人心中没有一丝一毫的杂念,我这才着手设立 DDI。"DDI 的成功,在稻盛和夫先生看来,这都是动机至善的结果。

综上所述,"志于道,据于德,依于仁,游于艺。"为管理者的心性管理提供了方向、内容和方法。"志、据、依、游"是教人求学的方法,"道、德、仁、艺"是教人所求的内容。在中国传统文化中,"道"是本体、是规律;"德"是道的随顺和流露,是直心、平等心、大爱的心,是道的表相和显现。道和德皆是内在。"仁艺"是道、德的作用,其中"仁"是用之总,半内半外,内通道、通德,外连着艺;"艺"是用之别,纯属外在,是仁的显发。艺源于仁，仁源于德，德源于道，一切都是道所生。道是目标、是方向，是一切人毕生都应该坚守的。但是道无形无相，很难操作，所以要"据于德，依于仁，游于艺"，要从德、仁、艺上修炼自己，管理自己的内心。在经营的过程中，管理者要坚守人生大道，志道不摇；要时刻保持一颗无私无欲的大爱之心、平等之心、上善之心；要仁者爱人，由仁发艺，时刻坚持以仁爱之心生产产品、提供服务，并以自己优质的商品和服务滋养自己的爱心，以艺护仁。这样，不仅能培育自己的君子、圣人人格，而且能在此基础上使企业不迷失方向，杜绝道德缺失等商业丑闻，勇于承担社会责任和生态责任，形成企业发展的良性循环。

第二节　"五伦"与管理：人与组织和谐的基石

道不仅是本体，而且是支配万物（人类社会、自然界）运行的总的基本规律。具体在人类社会中，这种基本规律表现为人与人相处之道或相处的基本规律——"五伦"之道。正如古人所说，"五伦之外无大道"。"五伦"说的是五种人伦关系和言行准则，即父子、君臣、夫妇、长幼、朋友。那么这五种人伦关系应该是什么样子呢？即父子有亲、君臣有义、夫妇有别、长幼有序、朋友有信。人人都这样做，就会减少直至杜绝人与人之间的矛盾，人与社会之间的矛盾，组织（包括国家）和组织之间的矛盾，人类社会就会祥和安宁、国泰民安。

一、"五伦"之道是处理人与人之间关系的基本规律[①]

"道"用西方哲学的话来讲，就是具有客观性和必然性的宇宙秩序。中国古人常用天道来体现这种恒常不变的、本来如此的、不以人的意志为转移的规律。

《论语》中孔子说："天何言哉？四时行焉，百物生焉，天何言哉？"天说什么话了么？天并没有像人一样，用语言的方式进行交流。但是，我们可以从自然的变化中看到规律的存在。比如，在四季的变化中，我们观察到春生、夏长、秋收、冬藏的规律。从万物的生长中，我们观察到"种瓜得瓜，种豆得

---

① 本部分参见刘余莉《中华文化五讲》。

豆"的因果事实。《易经》中讲，古代的圣人上观天象、下察地理，从中得出了事物产生变化的规律。这不仅包含了自然界的规律，也包含了保持社会稳定的人伦大道。这种人伦大道就是《孟子》中概括的五伦关系——"父子有亲，君臣有义，夫妇有别，长幼有序，朋友有信"。

"父子有亲"。是说在社会中时刻存在着父母与儿女之间的亲情关系。父母爱儿女、儿女爱父母，这是一种自然的亲情，不是圣人给我们规定下来的。那怎样使这种自然的亲情一生沿着"亲"的方向发展呢？只有父母慈爱地教导儿女，儿女孝敬父母，即要做到"父慈子孝"，这个亲情才能够维系一生。我们看这个"慈"字，上边是一个"兹"字，下面是一个"心"字。所以，什么是"慈"呢？那就是"念兹在兹"，父母的心无时无刻不在记挂着儿女，无时无刻不在儿女的身上。所以，从这个"慈"字上，我们就能够体会到父母对儿女的感情。那么这个"孝"字呢？《论文解字》中"孝"：从老省，从子。这就告诉我们，上一代人和下一代人是一体的，而不仅是两个个体。如果仅有两个个体的概念，孝已经不存在了。而上一代人还有上一代人，下一代人还有下一代人，上一代人和下一代人自始至终都是一体的。所以，中国古人从来没有出现过"代沟"这个概念。为什么会有代沟呢？那就是因为做儿女的没有尽心尽力耐心地去与父母沟通，这才使代沟出现。

"君臣有义"。看到这个关系，大家不要以为仅封建专制社会才存在的。在我们现代社会中，依然有"君臣"关系，那就是领导者与被领导者、管理者与被管理者之间的关系。领导者要尽领导的责任，被领导者有被领导者应尽的本分，他们各司其职，也就是以"义"来相处。这个"义"和适宜的"宜"在古代是相通的，"义者，宜也。"那么领导者应是什么样子呢？古人用一个字来概括，那就是"仁"。这个"仁"字，从人，从二，告诉我们两个人的相处之道，既想到我们自己，也要想到对方，能够换位思考，将心比心。所以作为领导者，不能因为自己身处领导的位置，就对员工呼来唤去，这样做就大错特错了。那么，被领导者呢？被领导者要尽心尽力地去完成领导交代的工作任务，这就是"忠"。"尽己之谓忠"，领导者交给自己的工作任务，竭尽全力地去完成，这就是忠。所以，领导者关爱下属，下属竭尽全力地完成任务，他们各尽本分。领导者与被领导者之间的关系，就是互相感恩、互相合作的关系。松下幸之助、稻盛和夫就是靠这样一种理念，成为"经营之神""经营之圣"。

"夫妇有别"。这个"别"字主要指两个方面：第一，是指丈夫和妻子在职责上有分工，而不是说地位上有差别。中国古代讲"男主外、女主内"，这种分工实际上是符合人的生理、心理特点的。在一个家庭中，有两个重要的职责。其一是要使收入满足生活所需，有足够的物质条件养家糊口，这一重要的职责，主要由男子来承担。其二是教育子女。古人说"至要莫如教子"，可见中国古人把教育儿女这件事看得无比重要，这一重要职责是由妻子来承担的。在中国古人看来，一个女子的价值并不在于她在外面创造多少事业，怎么和男人竞争，打拼天下，而是看她能否把自己的子女培养成圣贤人，培养成国家的栋梁之材。这要求做妻子的要有良好的德行，这样才能言传身教，把儿女教育好。第二，是指夫义妇德。做丈夫的要有恩义、有道义、有情义、无私欲、无不良嗜好，做妻子的榜样，领妻不管妻；做妻子的要柔顺、温和，能助夫成德。男人做好榜样，女人柔和温婉，这是家庭幸福的保障。现在，随着社会发展，很多女性出来工作，那么女性出来做事业不对吗？当然不是。如果说女子在外面做事业不违背相夫教子，同时心性柔和、充满慈爱，做好自己的本分，可以再做别的事情，前提是要有一个顺序。

"长幼有序"。这个"序"就是秩序。兄弟姐妹的出生是有自然的顺序。这个自然次序不能颠倒，应该给予尊重。要求兄长要关心弟弟妹妹。《弟子规》中有："财物轻，怨何生。"即兄弟姐妹之间更看重的是手足之情，把财物看得淡一点，看得轻一点，怨恨又怎么可能产生呢？"言语忍，忿自泯。"即兄弟姐妹在接触的时候，言语上互相忍让一下，少说一句，愤愤不平的心自然就泯灭了。

"朋友有信"。"同门曰朋，同志曰友"，即在一个老师门下学习的人都为朋。虽在同一个老师的门下学习，但是志向并不尽相同，而那些志同道合的人，就称为友。所以这个友比朋的关系又近了一步。用现在的话来讲朋友就是和我们关系、地位平等的人，与朋友相处的时候，应该坚守一个"信"字。

所以这五种伦理关系是任何一个组织、任何一个社会、任何一个国家的人民都必须遵守的人伦大道。在古代适用，在今天也依然适用，所以被称为道。这个道就是恒常不变的规律，按照这个道去做，就称为德。具体到企业管理中，作为管理者，要想提高执行力，激发员工的工作热情，就要关爱员工，想员工之所想，急员工之所急。不仅要关爱员工本人，还要尽可能帮助员工处理好父母子女关系、夫妻关系以及其他家庭关系。总之，一位合格的领导者，要做到"君亲师"的统一：既要做员工的领导，又要做员工的亲人，还要做员工的老师。只有这样，才能和睦企业人际关系，调动员工积极性、提升企业经营业绩。

二、博施于民而能济众：企业社会的责任

五伦之道的核心是爱，这种爱表现在企业中，要求企业的领导者要做到"君仁臣忠"。居于上位的领导者要做到仁爱员工、仁爱客户及利益相关者，

积极承担企业的社会责任。

（一）从义务到响应到责任

一家企业须承担社会义务，以满足其经济和法律责任。社会响应是公司对某种普遍的社会需要做出反应而从事的社会活动，如对顾客、利益相关者的环保要求做出反应。社会责任是一种企业意图，它超越了法律和经济的义务，做正确的事，按照对社会有益的方式行动。

（二）组织应该承担的社会责任

关于组织是否承担社会责任，西方国家有两种观点。一种是古典观点，其认为管理者唯一的社会责任就是从股东（公司真正的所有者）的最佳利益出发来从事经营活动，从而实现利润的最大化。若管理者自作主张地将组织资源用于社会利益，就是在增加经营成本，这些成本要么通过高价转嫁给消费者，要么通过降低股息由股东承担。另一种是社会经济学观点，其认为，管理者的社会责任不只是创造利润，还包括保护和增加社会福利。公司并非只是对股东负责的独立实体，其更须承担社会责任。

企业是社会公器，企业经营的终极目的是服务社会，因此，承担社会责任是企业的必然选择。

三、文化与组织文化

（一）文化的界定

文化是一个内涵深邃而外延广阔的概念，因此对其界定是一项十分艰辛而又复杂的工作，从古至今，很多哲学家、社会学家、人类学家、文学家、政治家等都对文化进行过界定。在 1952 年美国人类学家克鲁伯和克拉克洪发表合著的《文化，关于概念和定义的检讨》，在这本书里，罗列着 1871~1951 年的 80 年间关于文化的定义至少有 164 种。至今，一种说法称关于文化的定义已有 200 余种，另一种说法称关于文化的定义已逾 500 余种。无论哪种说法成立，我们都可以看出文化概念自身的时空性、多变性和复杂性。

从文化的外延上看，文化概念在漫长的变迁、发展中逐渐演化成三个基本的维度。一是宏观意义上的文化，是指与自然相对，凡是自然以外的一切人为创造均为文化。换言之，凡是经过人类创造、加工或改造过的东西，凡是打上人的印记的存在都是文化，包括物质文化和精神文化。所谓技术文化、制度文化、行为文化、政治文化、观念文化等，归根结底都可以归结为物质文化和精神文化。二是中观意义上的文化，是指与自然的或与人工的物质文化相对立存在的，是指人类的各种精神现象和产物，包括全部的自然科学知识、人文社会科学知识等。三是微观意义上的文化，是指科学知识、技术以外的观念文化，如哲学、文学、艺术、道德、宗教、法律思想、风俗习惯等。一般而言，我们所说的文化是指微观意义上的文化，即使是微观意义上的文化，但范围仍然是比较广泛的，从内容上来看，包括正确的和不正确的、善的和恶的。因此，从外延上看，文化是个中性词。

从内涵上看，在中国古代，"文""化"是两个词，"文"是指花纹、纹路，后来引申为文字、文章、文采、礼乐制度等。"化"是指人受教而变化，本义作为"教行"解释。"文"和"化"合用，就是以文化人，即以文字、文章、礼乐等形式改变人的气质，达到转恶为善、转迷为悟的目的。这也是从文化的内涵上、实质上以及功能上来了解文化。可见，古代意义上的"文化"是个褒义词。

我们了解了什么是文化。那么，文化和人是一种什么关系呢？一方面，文化是人类社会的产物，人创造了文化；另一方面，人又居留于文化之中，潜移默化地受着文化的模塑和询唤。可以说，人从胎儿到出生乃至整个人生过程，无不受着文化的塑造。出生在不同国家、不同民族、不同地域的人们，无不受着既有的特定文化的熏陶而成为具有某种文化特征的人。可见，人是文化的动物或存在。

人存在于文化之中，但人对文化不是无能为力的，人对文化亦具有选择性。从文化外延看，由于文化包含哲学、文学、宗教、艺术、思想、风俗习惯等，这里既有正确的文化，也有错误的文化；既有善良的文化，也有丑恶的文化，因此对文化的选择至关重要。要选择优秀的文化，摒弃丑恶的文化。正如《弟子规》所言："非圣书，屏勿视。蔽聪明，坏心志。"我们要选择道德的、利他的、全心全意为人民服务的，能使国泰民安、世界和平的文化。如果我们认可、接受了这样的文化，就会成为对社会有益的人；反之，如果我们选择了自私自利、尔虞我诈、为了个人利益不择手段的文化，就会成为对社会有害的人，甚至会给个人、家庭、组织、社会造成难以估量的损失。因此，无论是个人、组织或是一个国家，文化选择和文化建设至关重要。

（二）组织文化

组织文化是组织成员共有的能够影响其行为方式的价值观念、团体意识、思维方式等的总和。

1. 组织文化结构

目前国内学者普遍认同且影响最为广泛的是企业的四层结构，即物质文化、行为文化、制度文化、精神文化四个层次，这种结构由内而外是由四个同心圆组成的，因此，也被国内学者形象地称之为"同心圆"模型，最外层是企业文化的表层，即物质文化层；第二层是幔层，也叫浅层，即企业行为文化层；第三层是中层，即制度文化层；第四层是核心层，即精神文化层。

企业的物质文化是由企业员工创造的产品和各种物质构成的器物文化，主要包括企业提供的产品和服务、企业建筑、技术设备、标示等。企业物质文化是企业文化系统的表层部分，是企业行为文化、制度文化、精神文化的显现和外在表现。它一方面要受企业行为文化、制度文化、精神文化的制约，具有从属性、被动性；另一方面又是企业文化的外在形象，具有形象性和生动性。

企业行为文化是企业员工在生产经营、人际交往中产生的、并以行为形态表现的企业文化，主要包括企业经营活动、员工人际交往活动、教育培训、文体活动等过程中产生的现象。企业行为文化包括外在行为和内在行为，其标准是企业、员工的行为是否和企业外部产生直接的联系。作为企业文化的动态存在方式，它一方面不断地向人的意识转化，影响企业的精神文化；另一方面又不断地创造企业的物质成果，发展为企业的物质文化。

企业制度文化包括企业所有权体制、组织体制、领导机制、经营管理制度等。它是广泛得到员工认同和遵守的、约束企业和员工行为的规范性文化，是企业文化的中坚和桥梁，它能够把企业文化的各个层次有机结合成一个整体。

企业精神文化是企业文化的最高层次，是企业在长期的生产经营过程中受一定的社会文化背景、意识形态影响形成的文化观念和精神成果。包括企业价值观、企业精神、企业宗旨、企业伦理等。企业精神文化是制度文化、行为文化和物质文化之源，也是制度文化、行为文化和物质文化的升华和结晶，在企业文化结构中，企业精神文化处于核心地位。

2. 组织文化功能

（1）整合功能。组织文化通过培育组织成员的认同感和归属感，建立起成员与组织之间的相互信任和依存关系，使个人的行为、思想、感情、信念、习惯以及沟通方式与整个组织有机地整合在一起，形成相对稳固的文化氛围，凝聚成一种无形的合力，以此激发出组织成员的主观能动性，并为组织的共同目标而努力。

（2）适应功能。组织文化能从根本上改变员工的旧价值观念，建立起新的价值观念，使之适应组织外部环境的变化要求。一旦组织文化所提倡的价值观念和行为规范被成员接受和认同，成员就会自觉或不自觉地做出符合组织要求的行为选择，倘若违反，则会感到内疚、不安或自责，从而自动修正自己的行为。因此，组织文化具有某种程度的强制性和改造性，其效用使帮助组织指导员工的日常工作，使其能快速地适应外部环境因素的变化。

（3）导向功能。组织文化作为团体的共同价值观，与组织成员必须强行遵守的、以文字形式表述的明文规定不同，它只是一种软性的理智约束，通过组织的共同价值观不断地向个人价值观渗透和内化，使组织自动生成一套自我调控机制，以一种适应性文化引导着组织的行为和活动。

（4）发展功能。组织文化的形成是一个复杂的过程往往会受到政治、社会、人文和自然环境等诸多因素的影响，因此，它的形成需要长期的倡导和培育。正如任何文化都有历史继承性一样，组织文化一经形成，便会具有持续性，并不会因为组织战略或领导层的人事变动而立即消失。

第三节　生态与管理：人与自然和谐共生的法宝

自然界有其自身运行的、不以人的意志为转移的规律，人、企业要顺应自然、尊重自然规律，合理利用和开发自然资源，违背规律必然会受到规律的惩罚。

一、生态危机时代呼唤生态哲学指导下的生态管理

在西方思想史上，以人为中心的主体性思想始于笛卡尔。笛卡尔哲学以"主客二分"的思维方式看待人和自然之间的关系，把统一的自然界主观地分为主体和客体两种不同性质的部分。在这种哲学指导下，现代管理理论和实践片面追求经济效益，忽视人与自然之间的关系，结果造成了严重的生态危机。为了人类的永续生存，践行生态哲学指导下的生态管理是时代的必然选择。

（一）西方近代主体性哲学对自然生态价值的遗忘

在西方思想史上，以人为中心的主体性思想有着久远的历史。《圣经》有：上帝创造了世界，而在上帝创造的世界中，人是最伟大的成就，其余的创造都是为了人的。希腊的哲学家普罗泰戈拉说："人是万物的尺度，是存在者存在的尺度，也是不存在者不存在的尺度。"

柏拉图（公元前427至前347年）认为，人的"理念"是最高价值。他的学说就是从人的"理念"出发，并以此为基础构造整个世界，这个世界就是以人为中心的世界。

在亚里士多德（公元前384至前322年）看来，"由于大自然不可能毫无目的、毫无用处地创造任何事物，因此，所有的动物肯定都是大自然为了人类而创造的"。

在中世纪神学中，也有类似的思想。中世纪神学把神学人类中心主义建立

在托勒密地球中心说的基础上，按照这种理论，地球是静止不动的，它是宇宙的中心。地球是上帝为了人而创造的，因而人是宇宙万物的中心。在文艺复兴时期，其核心思想是：尊重人的价值和尊严，发展人的个性，追求人的自由，倡导人权，鞭挞神权，把人、人性从宗教的束缚中解放出来，把人当作宇宙的中心，形成了以人为中心的文化思潮。

简言之，从《圣经》到普罗泰戈拉、柏拉图、亚里士多德、中世纪神学到文艺复兴，以人为中心的主体性思想萌发并不断发展。在中世纪之前，人确立了对除神以外的其他存在者的主体性地位；到文艺复兴时期，人的主体性地位有所扩展，人已确立了对包括宗教在内的所有存在者的主体性地位。然而在这一漫长的历史过程中，这种主体性思想并不占统治地位，其以个人为主的统治性地位的确立，是从笛卡尔开始的。

法国哲学家笛卡尔是近代主体性哲学和"主客二分"思维方式的奠基人。笛卡尔的"我思故我在"突出了"我"（即人）的主体性地位，标志着近代哲学的开端。这种哲学以"主客二分"的思维方式看待人和自然的关系，把统一的自然界主观地分为主体和客体两种不同性质的部分：一方面，人是世界的主体，是万物之灵，是宇宙的最高存在，是"万物的尺度"，这样，人就成为了自然的中心，成为了自然的主宰者、征服者、统治者，成为了绝对的主体；另一方面，自然界是客体，是为人的存在，是人所支配、处置的对象，它除了具有"消费性价值"之外，在人的眼中不具有诸如"生态价值""系统价值"等任何其他价值。也就是说，自然界整体及其自然物如果不是为了人而存在的，其就没有存在的必要，它只有依赖于人才能获得存在的理由和价值。这样，在自然界面前，人就成为了不需要任何约束的高高在上、狂妄自大、为所欲为的主体，自然成了可以任人统治、践踏、宰割的对象。正是在这种对象性思维的统治下，自然不断地被征服、被掠夺并正在逐渐走向终结。

（二）西方近代主体性哲学：现代管理理论和管理实践的哲学前提

西方近代主体性哲学用"主客二分"的思维方式来解释人与自然之间的关系。在社会科学的研究中，许多主流社会科学都仍然蛰伏在西方近代主体性哲学的羽翼下，这些主流的社会科学在从各自视角对社会进行研究时，都仅是对社会内部各要素之间关系进行分析并得出结论的，而对自然因素对社会的作用和影响则不予考虑。这样，人（社会）与自然的关系就被排除在社会科学的视野之外。哲学观念的落后已经成为哲学和社会科学研究的主要障碍。

就管理而言，在西方近代主体性哲学的指导下，在现代管理的概念、理论和实践中贯穿着两条基本原则：其一是忽视人与自然之间的关系；其二是片面追求经济效益。

1. 关于管理的概念

美国管理学家斯蒂芬·P.罗宾斯认为：管理是通过协调和监督其他人的活动，有效率和有效果地完成工作。有效率是指以尽可能少的投入获得尽可能多的产出。这里的投入包括人员、资金和设备等。有效果是指所从事的工作和活动有助于组织达成其目标。美国管理学家哈罗德·孔茨认为：管理就是设计并保持一种良好环境，使人在群体里高效率地完成既定目标的过程。这就是说，管理的目标关系到生产率，意指效益和效率。美国学者福莱特认为：管理就是通过其他人来完成工作。即管理的核心问题是管理者要处理好与其他人的关系，调动人的积极性，让他们来为你完成工作。美国学者加雷思·琼斯提出：管理是对资源进行计划、组织、领导和控制以快速有效地实现组织目标的过程。资源包括人、机器设备、原材料、信息、技术、资本等。美国管理学家小詹姆斯·H.唐纳利认为：管理就是由一个或更多的人来协调他人的活动，以便收到个人单独活动所不能收到的效果而进行活动。显然，上述管理概念只是在组织内部或社会内部来讨论管理的目标和效率问题，而没有或至少没有直接而明确地提到自然环境问题和生态问题。

2. 关于管理的理论

纵观西方国家管理思想发展史，我们会发现，它们几乎都沿着同一轨迹、围绕同一中心——片面追求经济效益。泰勒科学管理的根本目的是谋求最高工作效率，达到最高工作效率的重要手段是用科学的管理方法代替老旧的经验管理，因此科学管理理论重点解决的是如何用科学的方法提高生产效率问题。法约尔组织管理理论所研究的中心问题是组织结构和管理原则的合理化、管理人员职责分工的合理化问题，以确保效率的提高。行为科学学派试图通过对行为科学的研究，掌握人们行为的规律，找出对待工人、职员的新方式和提高生产效率的新途径。管理科学学派的主导思想是使用先进的数学方法和管理手段，使资源得到最为合理的组织，并获得最佳的经济效益。决策理论学派以系统论和行为科学为基础，力图在管理领域中寻找一套科学决策的方法，最终实现最佳效益的最佳方案。社会—技术系统学派认为，组织不仅是一个社会系统，而且也是一个技术系统，只有把两者协调起来，才能解决组织矛盾从而提高劳动生产率。纵观现代西方国家管理学发展历史，无论是哪一种学派，其管理的终极目标都近乎一致为了追求公司经济效益、利润的最大化，并没有考虑或很少考虑企业在生产、经营过程中对自然的破坏和影响，没有考虑自然的生态价值和生态平衡问题。这种片面追求效益而忽视人与自然之间关系的管理原则是当代迫切需要反思和改变的原则。

3. 关于管理的实践

以西方近代主体性哲学和上述管理理论为基础，在现代管理实践中，人们不自觉地忽视了人与自然的关系，片面地追求经济效益最大化的原则。管理学家指出各行业中管理工作的共同之处在于"他们都是为了实现本单位的既定目标，通过决策、组织、领导、控制和创新等职能进行着任务、资源、职责、权力和利益的分配，协调着人们之间的相互关系"。可见，现代管理实践仅是为了实现本单位的、局部的利益目标，在社会系统内部协调人与人之间的关系而忽视了人和自然之间的关系。

反观现代的管理概念、管理理论和管理实践，在西方近代主体性哲学的指导下，它们均在一定程度上对组织赖以生存的生态环境以及组织应承担的社会责任的关注度不够，这就促使组织形成了片面追求效率为核心的功利的、反生态的管理观。这样，现代管理理论不仅对人掠夺自然的事实视而不见，而且在客观上放任和加速了这种掠夺的进程，从而造成了资源危机、能源危机、生态危机，这种危机从本质上来讲就是人类的生存危机。因此，为了人类的永续生存，采用一种新的哲学和管理理论来指导管理实践已经成为大势所趋。这种新的哲学就是生态哲学，新的管理理论就是生态管理理论。

（三）生态哲学：生态管理的哲学基础

1. 生态危机时代需要回归传统的"天人合一"哲学

在人与自然的关系上，中国古代的道家为我们提供了一种独特的精神视野，其思想和精神是彻底亲近自然的，是自觉地置自然于人之上的。《道德经》有："道生一，一生二，二生三，三生万物。"道是万事万物（包括人）产生及相互作用所依存的原理、规律，这个原理和规律是宇宙万物的本原，是万物运行的原动力。它是一种客观存在的，我们看不见、摸不着、听不见，但却永恒存在。"道"把天、地、人等宇宙万物连贯成为一个整体。人是自然的一部分，由此形成了道家"天人合一"的思想，并从"天人合一"的思想出发，将"道"分为"天道"和"人道"，"天道"指自然规律和法则，"人道"指人事规律和法则，包括人与社会之间和人与人之间的相互关系。《道德经》有："人法地，地法天，天法道，道法自然。""人法地"意思是讲人类的行为取法于大地，或者说人类行为的运行是以地球物理运行的法则为法则；"地法天"意思是讲地球运行的法则是以整个宇宙运行的法则为法则；"天法道"意思是讲宇宙运行的是以道的法则为法则；"道法自然"意思是讲道的运行是以自然的规律为法则。简言之，"道"取法于"自然"，以自然为法则。可见，"人""地""天""道"之间整体性串联，并且相互作用。尽管天、地、人、万物的形态各异，但都本是同根生、浑然一体。美国环境伦理学家霍尔姆斯·罗尔斯顿认为，作为地球的"繁衍物"，人与自然万物不是二元对立的，而是一体共存的关系。作为人事规则和法则的"人道"根植于作为自然规律和法则的"天道"，只有遵循"天道"，才能真正落实"人道"。

那么，如何才能做到"人法地，地法天，天法道，道法自然。"一个重要的方法论原则就是"知常""知止""无为"。

所谓"知常"，也就是知"道"、知本。《道德经》有："复命曰常，知常曰明。不知常，妄作凶。"何为"常"？《庄子》把"常"解释为"莫之为而常自然"。可见"常"就是自然规律。遵循这种自然规律就能"阴阳和静，鬼神不扰，四时得节，万物不伤，群生不夭"。如果违背自然规律而妄意作为就会导至凶灾。违反自然规律妄意作为，是造成现代人类生态问题、环境问题的根本原因。道家对人、社会和自然关系的整体思考，给现代人以深刻的启迪。

与"知常"相关联的另一概念是"知止"。《道德经》有："知足不辱，知止不殆，可以长久。"意思是说，知道满足，就不会自取其辱；知道适可而止，就不会有危险，可以长久。"知止"表现在人的心理上是"知足"，是限制自己的欲望。老子说："知足者富""祸莫大于不知足"。"知止"表现在人的行为上是"不妄作"，是有所为、有所不为，凡事有限度，超过一定的限度就会出现危险。今天，在人对自然利用或改造的过程中，"知止"具有重要的意义。现代世界的资源危机、能源危机乃至生态危机，与人类的不"知止"有密切的关系，人类如果不对自己随意开发自然的行为加以限制，则不可能建设和谐的可持续发展的社会。人类如果不对自己追求物质享受的欲望进行限制，继续过着奢侈型、浪费型的生活方式、消费模式，人类就不能持久生存。因此，《道德经》提倡是以"圣人去甚、去奢、去泰。"

"无为"的本义不是什么都不做，而是不强为，是顺乎自然而为，是"无为而无不为"。这种方法可以运用到社会政治中，也可以运用到自然方面。现代提倡生态产业、生态城市，"自然无为"可以给我们许多智慧的启迪。

综上所述，道家的"天人合一"证明人的本质与自然本质的同一性，"道法自然"则强调人的行为与自然、社会规律结合一体。美国物理学家J.卡普拉在《非凡的智慧》一书中说："在伟大的精神传统中，在我看来，道家提出了关于生态智慧的最深刻的、最完美的说明。这种说明强调了一切现象的基本同一和在自然循环的过程中个人和社会的嵌入。"当代人类面临许多严峻的生态问题、环境问题、资源问题、人口问题。这些问题的解决已经不是单纯地依赖自然科学和技术方法可以解决的，它必须在自然科学和人文、社会科学融合的基础上才能展开研究，寻求解决的途径。道家的"与天为徒""道法自然"的整体自然观、以自然为人类精神家园的价值观，表现了人类文化的深刻智慧，为构建现代可持续发展的生态文化提供了智慧的源泉。

2. 生态哲学指导下的生态管理的基本原则

生态管理就是在生态哲学的指导下，合理吸收生态学、系统论、经济学、管理学、现代技术科学等学科知识，反思现代管理理论和实践，在管理理念和管理目标上，处理好人与自然之间的关系，在维护整个地球生态系统的稳定和平衡的前提下，实现人的可持续发展。

生态管理的最基本原则是：

第一，实行生态管理，要坚持整体论的管理观。由于生态系统的平衡是人类可持续发展的基础，因此为了人类的生存，必须更新管理理念，重新审视现代的片面追求利润、片面追求经济增长的管理目标，把维护地球整体生态系统的平衡作为当代乃至未来管理的基本理念和目标，作为管理的出发点和归宿。一切管理模式、管理方法、管理手段等都必须服从、服务于这个理念和目标。今天的管理者尤其是高层管理者、领导者，必须从忽视人与自然和谐关系的现代管理理论中"跳跃"出来，要充分认识到现代管理理论及其指导的管理实践给人类的生存环境造成的危害，要认识如果这种情况任其发展下去，人类将走向不归路。这绝不是耸人听闻，大量的事例早已向我们敲响了警钟！

第二，实行生态管理，关键是要处理好人与自然的关系。整个生态系统是有机联系的整体。在这个整体中，不同的自然物不仅具有供人消费的"消费价值"，而且具有维护地球生态系统平衡的"生态价值"，这两种价值都是人类生存所必需的。然而，这两种为人类生存所必需的价值却是相互矛盾的，那对于同一自然物来说，实现它的"消费价值"，就必须牺牲它的"生态价值"；反之亦然。正是这两种价值的矛盾性质，把人改造自然的管理实践推到了两难的境地。面对这种两难的窘境，人类只能有一种选择，即必须对人类改造自然的管理实践进行必要的约束和限制，尊重自然、善待自然，不随心所欲地开发和利用自然，把管理实践的深度和广度限制在整个生态系统自我修复能力容许的限度内，从而保证地球生态系统的平衡与稳定。人类赖以生存的生态系统的稳定平衡，是人类管理实践活动的底线。我们现代管理理论和实践活动因对自然生态价值视而不见，所以造成了今天严重的生态危机。

第三，实行生态管理，各国应同心协力，积极进行国际合作。从一国国内的情况来看，实行生态管理，各国家部门、各企业的管理者，必须树立生态意识，确立生态理念。要认真学习生态学、生态哲学、生态管理学等相关学科知识，从维护生态系统平衡的高度，以整体论的思维和视角，加强对本国的生态管理，要把生态理念贯彻、落实到管理的各个环节和各个领域，这是一项系统工程，需多措并举、综合治理。同时，由于人类只有一个地球，全球性的生态危机只靠一国或几个国家的努力是不够的，各国应联合行动，采取切实可行的措施共同应对全球环境变化。

二、组织如何进行生态管理

当前，全球的生态环境问题十分严重。如有毒废料对空气、水和土壤的污染；温室气体排放造成全球变暖；工业事故频发、自然资源枯竭等。

生态管理就是管理者以保护自然生态环境为理念的管理。那么，如何进行生态管理呢？其中一种模式就是使用不同的绿色深度来描述组织可能采用的各种环境方法。

第一种方法是法律方式（浅绿色）。企业只是简单地遵守法律法规以及现行的规章制度，但表现出极少的环境敏感度。

第二种方法是市场方式。企业对顾客的环境偏好做出响应，提供善待环境的产品。

第三种方法是利益相关群体方式。组织运作是为了满足雇员、供应商和社区等各种利益相关群体的环保要求。

第四种方法是活动家方式（深绿色）。组织本身就是在寻求尊重和保护地球及其自然资源的途径。

 本章小结

管理是正己正人之学。正己是正人（包括正事、正物等）的前提和基础。"志于道，据于德，依于仁，游于艺"是管理者正己正人的总纲领和总原则，这个总原则不仅能解决人类社会问题，也能解决人与自然、组织与自然的关系问题。"道"是本体，是支配万物（人类社会、自然界）运行的总的基本规律。具体到人类社会中，这种基本规律表现为人与人相处之道或相处的基本规律——"五伦"之道，遵循"五伦"之道是国泰民安的基石。在人（组织）与自然的关系中，人、企业要顺应自然、尊重自然规律，坚持生态管理，合理利用和开发自然资源，使人与自然和谐共生、永续发展。

 复习思考题

（1）道、德、仁、艺的内涵及其相互关系？

（2）"道、德、仁、艺"在管理者的自我管理中有什么作用？

（3）《孟子》"五伦关系"的内容是什么？它在构建和谐人际关系、减少

矛盾中有何作用？

（4）企业是否应该承担社会责任？为什么？

（5）什么是文化？人与文化的关系怎样？正确的文化选择对个人、企业有什么作用？

（6）论述道家"天人合一"的生态哲学。这种哲学对企业管理具有怎样的指导作用？

（7）组织如何进行生态管理？

第四章 计划

管理格言

凡事预则立，不预则废。——《礼记·中庸》

学习目标

- 理解计划的含义。
- 理解计划与决策的区别及其联系。
- 理解计划的类型。
- 掌握计划的编制过程与基本编制方法。

引导案例

丁谓的妙计

宋真宗大中祥符年间，宫中失火，宫殿被焚毁。丁谓受命重建宫室。在交通不便的条件下，要在紧迫时间内完成如此浩大的工程，很不容易。

丁谓考虑到取土路途遥远，先命人在皇宫前的大街上挖凿取土，将挖出来的土烧制成砖瓦。没过几天，大街就被挖成了一条大渠；接着，丁谓又下令把汴河挖通，把河水引入渠中，用船把大量的建材直接运到宫门口，十分快捷。等重建工作完成后，用工程废弃的瓦砾回填入渠中，水渠又变成了街道。

这一举动解决了取土、运材和清理废料三个问题，不仅节约了时间，而且省下了费用。

第一节　计划的基础

一、计划的含义

"计划"一词，可以从名词和动词的词性角度进行理解。名词意义上的"计划"，一般是指用文字和指标等形式所表述的关于组织行动方向、内容和方式安排的文本。动词意义上的"计划"，则是为了实现决策所确定的目标，预先进行的行动安排。无论在名词意义上还是在动词意义上，计划内容都包括"5W1H"。

第一，做什么（What），即明确组织所要进行的活动内容及安排。例如，工厂生产计划就是要明确生产产品的品种、数量、质量、生产进度，使生产符合产能配置及市场要求。

第二，为什么做（Why），即明确计划工作的原因和目的，并论证其可行性。通过统一目标，有利于发挥组织成员的主动性和创造性，实现预期目标。

第三，何时做（When），即规定计划中各项工作的开始时间和完成时间，以便掌控进度及妥善配置相关资源。

第四，何地做（Where），即规定计划实施地点或场所，明确计划实施的环境条件和限制，从而合理地安排计划实施的空间。

第五，谁去做（Who），即规定计划工作任务的分工安排，由哪些部门和人员负责、协助、控制等。

第六，怎样做（How），即制定实现计划实施的具体步骤以及相应的政策和规则，以对资源进行有效配置。

计划是管理的一项重要职能，是根据对组织外部环境与内部条件的分析，提出在未来一定时期内要实现的组织目标以及实现目标的方案途径。

中国古代，并没有"计划"一词，通常用"谋""预"来指代。

《象》曰："天与水违行，讼。君子以作事谋始。"意为，天从东向西转动，江河百川之水从西向东流，天与水是逆向相背而行的，象征着人们由于意见不合而导致诉讼。所以君子在做事前要深谋远虑，从开始就要消除可能引起争端的因素。

《礼记·中庸》曰："凡事预则立，不预则废。言前定，则不跲；事前定，则不困；行前定，则不疚；道前定，则不穷。"意思是，任何事情，事前有准备就可以成功，没有准备就要失败。说话前有准备，你就不会理屈词穷站不住脚，做事前有准备，就不会遇到困难挫折，行动前有准备，就不会发生错误后悔的事，至于要阐明一个道理，就要下大力气做好周密准备才不至于发生不顺畅之事。

《赤壁之战》曰："况操自送死，而可迎之邪？请为将军筹之。"译文为，况且曹操是自来送死，怎么可以迎顺他呢？请允许（我）为将军计划这件事。

《晋书·宣帝纪》曰："今天下不耕者盖二十余万，非经国远筹也。"即当今天下百姓不参加耕种的有二十余万人，这不是治国的长远计划啊！

此外，中国还有一些成语也表达了计划的含义及计划的重要性。①未雨绸缪，意为趁着天还没有下雨，先修缮房屋门窗。比喻事先做好准备工作。②居安思危，意为虽然处在平安稳定的环境里，但也要想到出现危险的可能性。指随时有应付意外事件的思想准备。③有备无患，意为事先有准备，就可以避免祸患。④防患未然，意为在事故或灾害发生之前就加以预防。⑤积谷防饥，意为储存粮食，防备饥荒。

计划就是预先决定要做什么、为何要做、何时何地去做、由谁来做及如何去做。计划活动是立足于现在，通过回顾过去而连接未来。通过计划活动，确保组织目标实现。计划在实施过程中，会受到组织内外部环境的干扰，周密的计划能够确保组织目标的顺利实现。计划是管理的首要职能，组织、领导和控制等职能的开展都是为了促进和保证目标的实现。

二、计划与决策

"决策"一词出自《韩非子·孤愤》："智者决策于愚人，贤士程行于不肖，则贤智之士羞而人主之论悖矣。"决策，指决定的策略或办法，是人们为各种事件出主意、做决定的过程，它是一个复杂的信息收集、加工、处理的思维操作过程。组织中的决策是为了实现特定的目标，根据客观的可能性，在占有一定信息和经验的基础上，借助一定的工具、技巧和方法，对影响目标实现的诸多因素进行分析、计算和判断选择后，对未来行动的择优选择。

除了定义之外，计划与决策还具有一些区别：

第一，解决的问题不同。决策是关于组织活动方向、内容以及方式的选择；计划则是对组织内部不同部门和成员在一定时期内具体任务的安排。

第二，两者经历的过程不同。决策过程一般包括：①问题识别，即认清事件的全过程，确立问题所在，提出决策目标。②问题诊断，即研究一般原则，分析和拟定各种可能采取的行动方案，预测可能发生的问题并提出对策。③行动选择，即从各种方案中筛选出最优方案，并建立相应的反馈系统。

计划的工作步骤一般包括：①认识机会，预测到未来可能出现的变化，清晰而完整地认识到组织发展的机会，分析组织的优势、弱点及所处的地位，认识到组织利用机会的能力，意识到不确定因素对组织可能发生的影响程度等。②确定目标，是在认识机会的基础上，为整个组织及其所属的下级单位确定目标，目标是指期望达到的成果，它为组织整体、各部门和各成员指明了方向，描绘了组织未来的状况，并且作为标准可用来衡量实际的绩效。③确定前提条件，即计划实施时的预期环境。负责计划工作的人员应彻底了解前提条件，这样计划工作才会做得协调。④拟定可供选择的可行方案，即为寻求、拟定、选择可行的行动方案。通常最明显的方案不一定就是最好的方案，对过去方案稍加修改和推演也不会得到最好的方案，方案的创新性极为重要。⑤评价可供选择的方案，评估实质上是一种价值判断，它一方面取决于评价者所采用的评价标准；另一方面取决于评价者对各个标准所赋予的权重。应该采用较为成熟的矩阵评价法、层次分析法、多目标评价法进行评价和比较。⑥选择方案，是在前面工作的基础上，做出的关键一步，也是决策的实质性阶段——抉择阶段。其可能遇到的情况是，有时会发现同时有两个以上的可取方案。在这种情况下，必须确定出采取哪种方案，而将其他方案进行细化和完善，以作为后备方案。⑦制定派生计划，基本计划还需要派生计划的支持。比如，当一家公司决定开拓一项新的业务时，这个决策需要制定很多派生计划作为支撑，即雇用和培训各种人员的计划、筹集资金的计划、广告计划等。⑧编制预算，计划工作的最后一步就是把计划转变成预算，使计划数字化。编制预算，一方面是为了计划指标体系更加明确；另一方面是使企业更易于对计划执行进度进行控制。定性的计划往往在可比性、可控性和奖惩方面无法比较，而定量的计划具有较为严格的约束。

计划与决策虽然具有显著的区别，但是两者也存在紧密的联系，即决策是计划的前提，计划是决策的逻辑延续。在实际工作中，决策与计划是相互渗透的，有时甚至是不可分割地交织在一起的。

三、计划的作用

（一）计划有利于明晰组织目标

计划有助于目标实现。计划使组织了解需要做什么、要实现什么以及要花费多少时间来完成此目标。如果计划得当，无论是品牌还是产品，计划最终都会让组织获得更大的成功，在市场上取得更好的地位。

（二）计划有利于组织评估风险和机遇

计划让组织有信心承担其他组织可能不会承担的风险，因此它让组织在不担心竞争的情况下处于领先。但是，如果没有适当的计划，可能会导致组织损失或致使组织陷入困境。通过计划，组织可以识别相关风险，确定目标优先级并制定应对计划。通过这种方式，可以将风险转化为机遇。

（三）计划有利于提高绩效

计划有助于提高组织绩效。优秀的计划会带来良好的绩效，卓越的计划会导致卓越的绩效。通过计划，组织将更清楚地知道下一步该做什么，也将感受到更小的压力，提供更好的服务，生产更高质量的产品，创造更快乐的工作环境。

（四）计划有利于组织形成团队

团队形成对项目成功至关重要。没有计划的团队会经历内部和外部的冲突，导致生产力低下、创造力降低等后果。计划可以确保组织中的领导者更加科学地为团队成员分配任务，并节省时间来发展团队。

（五）计划有利于组织减少资源浪费

组织进行计划，可以剔除组织中无效的、低效率的活动，可以审视时间和资源的使用效度，可以更好地规避人们工作的随意性，以使具体实施方案和结果进一步得到明晰，从而提升管理的效率和效果。

总之，计划具有明确目标、明确路径、明确方法、明确责任、明确衡量方法的功能，起到降低不确定性、提高效率、提高成员积极性的作用。

四、计划的主要类型

（一）长期计划和短期计划

按计划执行时间的长短，可以将计划分为长期计划、中期计划和短期计划三种。通常在一年或一年以下可以完成的计划称为短期计划；在一年以上至五年以下可以完成的计划称为中期计划；在五年以上可以完成的计划称为长期计划。

长期计划通常指组织在较长时期内的发展方向和方针。主要用于确定组织的长远目标和发展方向及实现路径。由于其时间跨度较长，通常不会指明实现长远目标的详细做法与步骤。

中期计划通常是在长期计划的基础上，将长远目标及其实现内容进行细化分解，因而其更为具体和详细，它主要起衔接长期计划和短期计划的作用。长期计划以问题、目标为中心，中期计划则以时间为中心。

短期计划通常更为具体和详尽，包括年度计划和季度计划，并以年度计划为主要形式。短期计划具体规定了组织各个部门在规定时间内的过程要求和结果要求。一般来讲，短期计划具有严格的执行内容和步骤，执行者不可擅自变更，短期计划更利于监控和纠偏。企业组织中的年度生产计划、销售计划、利润计划等都是短期计划。

一般而言，组织中同时拥有短期计划、中期计划和长期计划，三种计划各有所长。三种计划的有机结合对组织的发展具有重要意义。

（二）战略计划与战术计划

按计划范围的广度可将计划分为战略计划和战术计划。

（1）战略计划。战略计划是由高层管理者制定的，为组织长期生存和发展而进行的计划，其内容关乎组织的发展方向、基本策略和具有全局意义的政策、方针。大型组织都有战略计划，而对于事业部制组织结构的企业，也都拥有部门战略计划。组织整体层次的战略通常称为总战略或发展战略，而事业部层次的战略则称为经营战略或竞争战略。在有些组织中，战略计划往往用文件的形式明确地表达出来，分发给全组织的管理者和职员。而在有些组织中，战略计划往往不以文字形式出现，而是在组织管理者之间以口头形式存在。但是，无论何种形式的战略计划，制定者必须具有较高的风险意识，能在大量不确定因素中准确定位组织未来行动的目标和行进方向。

（2）战术计划。战术计划一般由中低层管理者制定，旨在规定总体目标如何实现的细节计划，其需要解决的是组织具体部门或职能在未来各个短期内的行动方案。

对企业来讲，战术计划主要是指各项业务活动的作业计划。如果说战略计划侧重于确定企业要做什么以及为什么要做这些，那么战术计划则是规定由何人、在何时、通过何种办法做事以及使用多少资源来做事。简言之，战略计划是确保企业"做正确的事"，而战术计划则是确保企业"正确地做事"。战术计划涉及的时间跨度较短，覆盖的范围较窄，并要求该计划具有可操作性。战术计划的任务主要是规定如何在已知条件下实现企业的各项分目标，战术计划的风险程度比战略计划低。通常，战术计划又可细分为施政计划、协调计划、作业计划等。

（三）指导性计划与具体性计划

按计划的详细程度可把计划分为指导性计划和具体性计划。指导性计划是指规定大方向、大方针，而非列出详细执行步骤的方案。具体性计划则明确规定了执行目标和执行步骤。相对而言，指导性计划更加灵活，而具体性计划更加严格；指导性计划不容易控制，而具体性计划则更易执行和控制。

（四）程序性计划与非程序性计划

按组织活动程度可将计划分为程序性计划和非程序性计划。西蒙把组织活动分为两类：一类是例行活动，指一些重复出现的工作，如订货、材料的出入库等。有关这类活动的决策是经常反复的，而且具有一定的结构，因此可以建立一定的决策程序。每当出现此类工作或问题时，就利用既定的程序来解决，而不需要重新研究。这类决策叫程序化决策，与此对应的计划即为程序性计划。另一类活动是非例行活动，不重复出现，比如新产品的开发、生产规模的扩大、品种结构的调整、工资制度的改变等。处理这类问题没有固定的方法和程序，有时因为其重要性需要特事特办。解决这类问题的决策为非程序化决策，与此对应的计划即为非程序性计划。

五、计划的层次

（一）宗旨

任何一个组织都存在自己的意图。这种意图所指就是组织的宗旨。宗旨解答了组织存在的目的和应该干什么的问题。例如，医院的宗旨是救死扶伤，学校的宗旨是教书育人等。

（二）目标

目标是组织在一定时期内要达到的境地或标准，是为实现组织目的或宗旨而确定的某一时段活动的最终呈现。目标不仅是计划工作的终点，而且也是组织中各项职能开展及其活动所要达到的结果。

（三）策略

策略是指确立组织的基本长期目标，合理分配必需的资源以实现组织目标，是组织实现目标的方案集合。例如，福特汽车公司早期决定向市场投入价格低廉的标准化汽车——T 型车，它的经营策略是为尽量降低生产成本而采用大批量生产装配线；实现零件可以互换；组织庞大的销售网等。

（四）政策

政策是指在组织管理过程中指导及沟通的方针和规定的总和。政策指明了组织活动的方向和范围，以保证行动同目标一致，并有助于目标的实现。在正常情况下，各级组织、各部门都有政策。制定政策有助于事先决定问题，不需要每次重复分析相同的情况，从而使管理人员能够控制全局。政策必须保持一贯性和完整性。

（五）程序

程序规定了处理重复发生的例行问题的方法与步骤。程序就是办事手续，是对所要进行的行动规定其时间顺序。程序是行动的指南，而不是思想的指南。因此，程序是详细列出必须完成某类活动的准确方式。例如，公司政策规定工作人员享有假期，为实施这项政策所建立的程序即为编制度假时间表、制定假期工资率，以及申请度假的详细说明。

（六）规则

规则是在具体场合和具体情况下，是否采取某种特定行动的规定。规则也是一种计划，只不过是最简单的计划。规则与政策和程序不同，规则不是程序，因为规则指导行动，而不说明时间顺序；可以把程序看作是一系列规则的总和；政策的目的是指导决策，并给管理人员留有酌情处理的余地。

（七）规划

规划是综合性的计划，它是为实现既定目标、政策、程序、规则、任务分配、执行步骤、使用资源以及其他要素的复合体。通常情况下，规划需要预算的支持。

（八）预算

预算是一份用数字表示预期结果的计划。预算又被称为"数字化"的规划。预算计划可以促使上级主管对预算的现金流动、开支、收入等内容进行数字上的整理。预算也是一种控制手段，它迫使人们制定详细的、精确的计划。

第二节　计划的编制

一、计划的编制过程

计划的种类有很多，虽然编制计划的主体不同，但是编制计划具有相同的程序及步骤。

（一）识别机会

识别机会是编制计划的起点，管理人员应当评价组织内部的优势和劣势，识别外部环境中存在的机会和威胁，发现可能出现的各种问题，并清楚期望得到的产出结果，这样才能确立切实可行的目标。

（二）设立目标

制定计划的第二个步骤是设立组织目标。首先，设立整体目标。其次，通过一定的方式将组织目标向下承接或分解，依次确定每个下属部门的目标。在一个组织中，不同层级的目标实际上构成了一个目标体系，各个部门之间的目标要相互协调，同时应为实现组织的总体目标服务。目标可细分为长期目标和短期目标，其作用在于指明组织的发展方向、规定预期产出、说明要去做哪些工作等。

（三）拟定前提条件

计划编制的第三个步骤是拟定计划实现的前提条件，并在组织内取得一致意见。前提条件是关于待实现计划环境的假设，这些假设条件非常重要，需要管理人员达成共识。

在前提条件的确定基础上，预测的作用很重要。未来的市场情况如何？销售量会有多少？价格水平和产品需求情况如何？需要哪些技术开发？成本和工资率如何？政治环境和社会经济环境怎么样？长期发展趋势将会怎么样？管理人员可以利用相关机构发表的大量信息进行预测。国家统计局、信息中心、发展改革委等机构会定期发布关于经济运行和行业发展情况的报告，一些商业期刊也会发布相关信息。此外，管理人员还可以运用一定的预测方法进行预测。需要注意的是，环境复杂，并且具有不确定性，所以将实施过程中所处环境的所有细节都考虑到计划当中是不现实的，也是不必要的。拟定前提条件需要集中于那些关键性或具有战略意义的因素，或者说集中于影响计划实施的变量和假设条件。

（四）确定可供选择的方案

组织确定了目标，分析了计划实施的假设条件之后，接下来的工作就是在此基础上拟定实现目标的行动方案。在确定可供选择的方案时，要全面、仔细地审查每个行动方案。在全面的基础上，更为主要的内容不是搜寻可供选择的方案，而是减少可供选择方案的数量。

（五）平衡可供选择的方案

确定了可供选择的方案后，接下来的工作就是根据前提条件和目标，对各个方案的优缺点、可行性等进行评估，以选择最为合适的方案。方案评估往往要综合考虑多个方面的因素，从多个指标进行评价，如预期收益、风险程度、现金投入等。环境的不确定性也是不容忽略的因素。

（六）挑选方案

对可供选择的方案进行评估后，接下来最为关键的步骤就是选择方案，从多个方案中选择最为合适的一个。

（七）制定派生计划

选择实现目标的最适合的行动方案之后，就需要为行动方案的具体实施创造必要的条件，这就需要编制派生计划。例如，人员招聘或培训计划、设备采购计划、原材料采购计划等。

（八）编制预算

在方案及相应的派生计划确定之后，就要进行预算，使计划数字化。组织对计划的预算能够体现该计划收入和支出总额、预计所获得的利润或者盈余，以及资产负债表主要项目的预算等。通过编制预算还可以制定衡量计划过程的标准，为控制提供依据。

二、计划的方法

（一）目标管理法

1. 目标管理的含义

彼得·德鲁克于 1954 年在其著作《管理的实践》中最先提出了"目标管理"的概念，他认为"企业的使命和任务，必须转化为目标"，如果一个领域中没有目标，那么这个领域的工作必然会被忽视。因此管理者应该通过目标对下级进行管理，当组织最高层管理者确定了组织目标后，必须对其进行有效分解，转变成各个部门以及各个成员的分目标，管理者根据分目标的完成情况对下级进行考核、评价和奖惩。

彼得·德鲁克认为组织的目的和任务必须转化为目标，组织的各级主管人员通过目标对下属进行领导，以实现组织的总目标。如果只有总目标而无分目标来指导和约束每个人的工作，则组织规模越大、人员越多时，就越难保证每个员工的工作方向符合组织总目标，这会影响组织总目标的完成。

2. 目标管理的 SMART 原则

（1）具体原则（Specific），指绩效考核要切中特定的工作目标，不能笼统。

（2）可衡量原则（Measurable），指绩效指标是数量化或行为化的，验证这些绩效指标的数据或者信息是可获得的。

（3）可实现原则（Attainable），指绩效指标在付出努力的情况下可以实现，避免设立过高或过低的目标。

（4）相关原则（Relevant），指绩效指标是与工作的其他目标相关联的，绩效指标是与本职工作相关联的。

（5）限时原则（Time-bound），注意完成绩效指标的特定期限。

3. 目标管理的过程

（1）制定目标。制定目标包括确定组织的总体目标和各部门的分目标。总体目标是组织整合所有资源所要达到的最终状态和水平。各个组织部门均需要以实现组织的总体目标为中心，并为其实现而努力。在制定每个部门和每个成员的分目标时，上级将总体目标传达给下级，下级根据总体目标制定子目标和具体行动方案，并提交上级审核。上级对下级提出的目标和方案进行综合统筹。

（2）目标分解。只有将目标分解到每一个成员，才会明确行进的路径和承担相应的责任。目标分解就是将总目标层层分解落实到各个部门、班组和职工个人的过程。在目标分解过程中，为了获得员工的认可和理解，上级必须向下级及员工阐明目标分解的重要意义、实施方法、资源保障、相关责任要求及对员工的影响，从而将目标的实现作为一种有效的激励手段，保证子目标及总体目标的实现。

（3）执行目标。组织中各层级、各部门的成员在一定资源保障的前提下必须将各自的子目标达成，这一过程即为执行目标。执行目标必须具有相应的人员、权力、机构、设备、资金等资源。通过对这些资源的合理调配，使执行人员在执行过程中能够发挥他们的积极性，使得执行目标顺利完成。

（4）目标成果评价。在目标管理的周期结束时，必须对目标实现的程度进行评价。通过评价目标成果可以审查其目标制定得是否合理，上下级沟通是否畅通，该目标是否能够成为评价下属业绩、激励下属的手段。目标成果的评价可以采取上级来评判下级、同级互评以及本部门自评的方式进行。为了保证评价目标成果的客观性，这些评价方式通常搭配进行。

（5）完成目标的奖惩。按照完成目标的程度，通过事先制定的奖惩规则和标准，对组织成员进行奖惩。奖惩可以是物质的，也可以是精神的。奖惩的标准需要客观、公正、量化并具有合理性。奖惩本身不是目的，其目的在于激励员工完成目标，激励员工拥有更大的积极性和热情。从全局的观念出发，公平合理的奖惩有利于维持和调动组织成员的工作热情和积极性。

（6）制定新目标开启新一轮目标管理。第一轮目标评价的完成并不意味着目标管理的结束，而是意味着新一轮目标管理的开启。总结经验，以判定目标制定是否合理、目标执行是否拥有资源保障、对目标完成的评价是否科学合理等内容。这一阶段的工作将为下一阶段的工作提供经验借鉴。在此基础上，各部门及其成员重新制定个人目标，并实施新的目标，开展新的目标管理。

4. 目标管理的优点和缺点

（1）目标管理的优点。企业中大量的管理实例表明了目标管理具有明确的优点。对于组织总体目标的分解，有利于更加清晰全面地认识组织目标，而清晰的组织目标对于成员确保目标的实现以及激励员工均有推动作用。此外，目标管理还可以突出结果导向；更加清晰地划分组织结构，调整组织任务，分配组织权力；使员工更易于看到自身在组织整体目标实现中的贡献和作用；更有利于发现导致目标偏差的原因以及建立有效的控制机制，并采取有效的纠偏行动。

（2）目标管理的缺点。尽管目标管理有许多优点，但它也存在一些缺陷：①并非所有的组织目标都可以分解、量化。组织内的许多目标在性质上是定性的、模糊的、难以具体量化的，一些部门的活动具有连续性，在技术上是不能拆解的。随着组织环境变化的日趋复杂，组织活动的不确定性越来越大，组织需要及时、频繁地调整组织目标。这些都增加了分解组织目标、制定量化目标的困难。②组织目标的分解并不一定会给所有人带来激励作用。目标的分解与目标的明确会使一些组织成员感受到压力，长此以往会使其感到厌烦，丧失工作的积极性。尤其是在利己主义的前提下，一些员工会采取各种方式破坏目标管理的过程。③目标管理会增加管理成本。目标管理在协调过程中，需要组织内外、上下进行有效的沟通，包括对目标的阐明、资源的分配、人员的搭配、权力的授予等都要有详细的说明，这一过程耗时耗力。此外，由于目标分解的不均衡，可能会使各个部门之间出于利己主义而相互倾轧，出现急功近利的倾向。

（二）滚动计划法

滚动计划法是一种定期修订未来计划的方法。

1. 滚动计划法的基本思想

这种方法根据计划的执行情况和环境变化情况定期修订未来的计划，制定计划时遵循"远粗近细"的原则，逐期向前推移，使短期计划、中期计划有机地结合起来。由于在计划工作中很难准确预测将来影响企业经营所面临的经济、政治、文化、技术、产业、顾客等各种变化因素，而且随着计划期的延长，这种不确定性就越来越大。因此，若机械地按之前的计划实施，或机械地、静态地执行战略性计划，则可能导致巨大的错误和损失。滚动计划法可以避免这种不确定性给组织可能带来的不良后果。

2. 滚动计划法的评价

滚动计划法虽然增加了计划编制工作和实施工作的任务量，但在计算机时代的今天，其优点十分明显。

（1）计划更加切合实际，并且使战略性计划的实施也更加切合实际。由于管理者无法对未来的环境变化做出准确的估计和判断，所以，计划针对的周期越长，不确定性就越大，其实施难度也就越大。滚动计划相对缩短了计划周期，加大了计划的准确性和可操作性，从而是战略性计划实施的有效方法。

（2）滚动计划法使长期计划、中期计划与短期计划相互衔接。这就保证了即使由于环境变化出现某些不平衡状况时也能及时地进行调节，使各期计划基本保持协调。

（3）滚动计划法大大增加了计划的弹性，这对环境变化剧烈的今天尤为重要，它可以提高组织的应变能力。

例如，某电子公司在 2015 年制定了 2016~2020 年的五年计划，采用滚动计划法。到 2016 年底，该公司的管理者就需要根据 2016 年计划的实际完成情况和客观条件的变化，对原定的五年计划进行必要的调整和修订，据此编制 2017~2021 年的五年计划，以此类推。滚动计划法如图 4-1 所示。

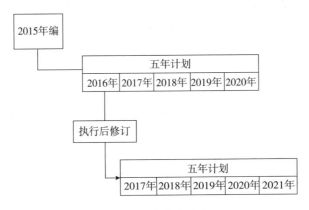

图 4-1　滚动计划法

（三）网络计划技术

网络计划技术于 20 世纪 50 年代产生于美国，是一种得到广泛应用的科学管理技术。网络计划技术是关键路线法（Critical Path Method，CPM）、计划评审技术（Program Evaluation and Review Technique，PERT）和其他一些方法如组合网络计划法即搭接网络计划（Multi-dependency Network，MDN）、决策关键路线法（Decision Critical Path Method，DCPM）的总称。关键路线法和计划评审技术的基本原理是相同的，一般是根据三种可能时间，即完成某道工序的最乐观时间估计、最保守时间估计和最可能时间估计来确定工序时间，如图 4-2所示。因此，关键线路法是确定型网络计划技术，而计划评审技术是一种概率型网络计划技术。一般而言，网络计划技术包括以下基本内容：

（1）网络图。网络图是指网络计划技术的图解模型，反映整个工程任务的分解与合成。分解是指对工程任务的划分；合成是指解决各项工作的协作与配合。分解与合成是解决各项工作之间，按逻辑关系的有机组成。绘制网络图是网络计划技术的基础工作。

（2）时间参数。在实现整个工程任务的过程中，包括人、事、物的运动状态。这种运动状态是通过转化为时间函数来反映的。反映人、事、物运动状态的时间参数包括，各项工作的作业时间、开工与完工时间、工作之间的衔接时间、完成任务的机动时间及工程范围和总工期等。

（3）关键路线。通过计算网络图中的时间参数，求出工程工期并找出关键路线。在关键路线上的作业称为关键作业，这些作业完成的快慢直接影响着整个计划的工期。在计划执行过程中，关键作业是管理的重点，在时间和费用方面则要严格控制。

（4）网络优化。网络优化是指根据关键路线法，利用时差，不断改善网络计划的初始方案，在满足一定的约束条件下，寻求管理目标达到最优化的计划方案。网络优化是网络计划技术的主要内容之一，也是比其他计划方法优越的主要方面。

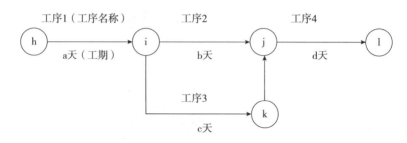

图 4-2　简单网络计划技术

（四）资源分配和活动安排的简单排程技术

管理者在对大型项目进行计划和活动安排时，网络计划技术是合适的方法。如果要安排的活动数量较少并且相互独立，就可以采用比较简单的排程技术，如甘特图和负荷图。

甘特图（Gantt Chart）是 20 世纪初期由亨利·劳伦斯·甘特（Henry Laurence Gantt）发明的，是一种条状图，用于活动的时间安排。其横轴为时间坐标，纵轴为活动坐标，用线条表示期间计划和实际完成情况。它可以直观表明计划何时进行，并对计划过程与实际过程进行比较。图 4-3 给出了图书生产过程的甘特图。如图 4-3 所示，甘特图标明了图书生产过程中各项活动的开始时间和结束时间。线条长度对应活动的时间长短。

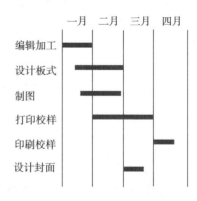

图 4-3　图书生产过程的甘特图

负荷图（Load Chart）与甘特图类似，但它在纵轴上列出的不是活动，而是全部部门或者特定的资源，如人力资源，可以使管理者计划和控制资源的使用情况。图4-4给出了某出版社6名责任编辑的负荷图，每位编辑都负责几本图书。由图可知，管理着6名责任编辑的执行编辑可以看到每位责任编辑的工作时间与空闲时间。可以看出，只有利萨和莫里埃是满负荷的，其他编辑都在某段时间处于空闲状态，可以接受新的项目，或者支援其他编辑工作。如果每位责任编辑的日程安排都是满负荷的，执行编辑可能会决定不再接受新的项目，或者接受新的项目但推迟已经在进行的某个项目，或者安排编辑加班，又或者安排新的编辑。

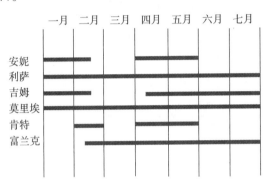

图4-4　某出版公司6名责任编辑负荷图

 **本章小结**

　　计划作为管理的首要职能，是组织管理的重要内容。计划具有双重含义，既可以作为关于组织行动方向、内容和方式安排的管理文件，也可以视作是组织为了实现决策目标，预先进行的行动安排。计划起到了减少不确定性、提高效率、提高组织成员积极性的作用。一般意义上，计划职能包含了决策的部分内容。但是决策与计划在解决问题与经历过程两个方面截然不同。计划通常依据决策而制定，计划亦具有多种类型和层次。在计划编制的过程中，组织通常应遵循识别机会、设立目标、拟定前提条件、确定可供选择的方案、平衡可供选择的方案、挑选方案、制定派生计划及编制预算的流程。在编制计划时，组织应根据需要选择目标管理、滚动计划、网络计划技术、排程技术等方法。

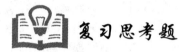 复习思考题

（1）什么是计划？

（2）计划的编制包括哪些步骤？

（3）目标制定的原则有哪些？

（4）什么是目标管理？目标管理的步骤包括哪些？

（5）目标管理有哪些优缺点？推行目标管理时有哪些具体要求？

（6）制订计划的方法有哪些？

第五章 组织

管理格言

抱最大的希望，为最大的努力，做最坏的打算。——严长寿

学习目标

· 理解组织的含义。
· 掌握组织设计的原则。
· 掌握传统组织的变革。
· 了解组织变革的过程。

小米生态链：贵在格局感与收放度

雷军团队意识到要演绎商业大格局，必须具有组织大智慧。如何才能创立一套保障企业家族生生不息，持续繁衍的组织管理机制呢？

在小米生态链业务模式的探索过程中，雷军核心团队对生态链的组织模式与管理模式进行了同步实践与创新，取得了一整套非常宝贵的经验与方法，归纳起来就是六个字：格局感，收放度。

格局感就是指要成就伟大的事业，必须建立起一个伟大的组织。如何才能在移动互联网与大数据时代建立起一个庞大的组织呢？如果按照工业或智能时代的方法建立一个企业王国，显然无法支撑业务模式的高速增长。必须以更高的使命与理念、更大的格局与胸怀，创立一个庞大的创业者家族，孵化一批种子企业家，与众多生态链企业形成持续发展的"命运共同体"。

收放度是指要有序地点火，不是无序地放火。雷军团队意识到要演绎商业大格局，必须具有组织大智慧。如何才能创立一套保障企业家族生生不息、持续繁衍的组织管理机制呢？小米与生态链企业在责权的"收与放"上如何保障冲击力与持续性的平衡呢？生态链企业的业务边界与内部竞争度如何控制呢？小米在探索组织与管理机制的过程中，从竹林生态的演化中得到了启迪。在筛选"技术黑马"（技术研发高手），培育与赋能"技术黑马"，伴随其转化为创业家、企业家的实践中，摸索出了一系列行之有效的方法论。当然这套组织模式与管理机制还在持续改进与创新中，小米决策层对未来充满着信心。

第一节 组织与组织结构设计

一、组织与组织结构

（一）组织的含义

切斯特·巴纳德认为，组织是有意识地加以协调的两个或两个以上的人的活动或力量的协作系统。哈罗德·孔茨将组织定义为正式的、有意形成的职务结构或职位结构。可见，不同的学者从不同的视角定义了组织。一般地，广义的组织是指由诸多要素按照一定方式相互联系的系统；狭义的组织是指人们为实现特定的目标，互相协作结合成的集体或团体，如企业、学校等。

在管理学中，对组织的含义可以从静态与动态两个方面来理解。

1. 静态的组织

从静态角度来看，组织是一种实体，是指为了实现特定的目标，经由分工与合作及不同层次的权力和责任制度而构成的人的集合。这个定义包含三层含义：

（1）组织必须具有共同目标。任何组织都是为了实现特定目标而有意识地建立起来的，目标是组织存在的前提和基础，具有明确的共同目标，组织成员才能明确自己的努力方向，做出让自己满意、让组织满意的成绩，如果没有明确具体的共同目标，上下级工作间就可能出现意见分歧。

（2）组织必须有分工与合作。组织为了达到目标，需要按照一定的原则把成员划分到许多部门，每个部门均专门从事一种或几种特定的任务，同时各部门之间也需要相互协调配合。分工把需一个人完成的全部工作内容划分成由多个人完成的工作内容，以便提高生产效率。从某种意义上来讲，分工是效率要求的必然产物，但分工的同时要把不同的工作内容进行再衔接，这样才能有效提高效率，所以这就要求人与人之间的协调合作，可以说分工导致了合作，同时由于分工的细化，这也加大了合作的难度，但是有效的合作能够提高效率。可见分工与合作既是矛盾的也是统一的。

（3）具有不同层次的权力和责任制度。完成任何一项工作都需要具有完成该项工作所必要的权力。因此，分工后就要分别赋予各个部门乃至每个成员相应的权力，以利于目标实现。

2. 动态的组织

从动态方面理解，组织是一个动词，是管理的基本职能之一。动态的"组织"是指，为实现组织目标而进行的一系列组织活动，如资源配置、确定职权关系、发布指令、监督组织运行等。它具有三个特点：

（1）组织工作是一个过程。组织是为了达到特定目的而建立的组织结构、配备人员及使组织协调运行的一系列活动。

（2）组织工作是动态的。组织结构不是固定不变的，其是随着组织内外环境的变化而变化的。即使组织内外环境变化对实现组织目标的影响不大，但随着社会的进步、科技的发展，当原有的组织结构不能适应目标的时候，就需要对组织结构进行调控和变革。

（3）组织工作应重视非正式组织。正式组织中普遍存在非正式组织。非正式组织形式灵活、覆盖面广，比正式组织具有更强的凝聚力，对正式组织目标的实现具有重要影响。

（二）组织结构的含义

组织结构是组织内的全体成员为实现组织目标，在工作中进行分工协作，通过职务、职责、职权及相互关系构成的结构体系，具有复杂性、正规化和集权化等基本特性。

（三）影响组织结构的因素

1. 环境

环境在为组织提供机遇的同时，也存在着对组织的各种威胁，故环境对组织结构有较大影响。当外部环境复杂多变时，组织结构的权力划分应倾向于中下层管理人员，赋予中下层管理者更多的经营决策权，以增强组织对环境变化的适应能力。当外部环境稳定时，管理权力划分应集中于组织高层管理人员，以方便组织实行程序化、规模化管理。

在我国，文化对组织结构设计的影响也是较为明显的。中国传统文化注重"人和"，不希望组织内部存在明显的冲突。当然，除此之外，组织结构还受国家有关政策与法规的影响。

2. 规模

一般而言，组织规模越小，管理工作越少，组织结构越简单；反之，组织规模越大，管理工作就越多，组织结构也就越复杂。因此，组织规模与组织结构的复杂程度呈正相关关系。

3. 战略目标

组织发展的战略目标与组织结构之间相互影响、相互制约。一方面，战略目标决定组织结构的设计，有什么样的战略目标，就有什么样的组织结构，以保证战略目标的实现；另一方面，组织结构又在一定程度上制约战略目标的实施。

4. 技术

现代企业的一个最基本的特点是在生产过程中广泛使用了先进的技术和机器设备。英国管理学家琼·伍德沃德专门研究了制造业企业中生产技术与组织结构的关系，她认为制造业企业可分为三类，即单件生产型企业、批量生产型企业、连续生产型企业。在研究过程中，琼·伍德沃德发现技术类型与公司组织结构之间存在密切的联系，有高度的相关性。此外，技术还与组织绩效有一定的关系，这种关系如表5-1所示。

表5-1　技术、结构与组织绩效的关系

项目	单件生产	批量生产	连续生产
结构特征	纵向差异程度低	纵向差异程度中等	纵向差异程度高
	横向差异程度低	横向差异程度高	横向差异程度低
最有效的结构	有机式	机械式	有机式

二、组织设计

当管理者创造或改变组织结构时，他们就在进行组织设计。组织设计包含以下关键因素：工作专门化、组织的部门化、管理层级与管理幅度、职权分配、集权与分权。

（一）工作专门化

工作专门化是指把工作活动划分为各项单独的工作任务。工作专门化的实质是劳动分工，通过把组织的目标逐级分解，来提高专业化水平和工作效率。

工作专门化要求每个人专门从事一类工作，而非全部工作。

工作专门化来自于经济学家亚当·斯密提出的"劳动分工"。他发现在一家扣针厂里，生产一枚扣针需要经过 18 道工序。这家工厂由 10 个工人分别承担 1~2 道工序，每天共生产 48000 枚扣针，平均每人每天生产 4800 枚。如果让工人各自独立完成全部工序，那么他们中的任何一个人，一天连 20 枚扣针也生产不出来。

工作专门化的应用提高了工作效率，为组织带来了利益。①通过劳动分工，工人长时间重复完成一项工作，既提高了工作效率，也提升了工人的工作技能。②缩短了不同任务之间转换的时间。工人重复完成一项工作，因此可以节省他们从一项工作转换到另一项工作的时间。③劳动分工越细，越有利于开发出专业化的机器设备。④降低了因为工人离职而造成的损失。

高度的工作专门化容易令员工对工作产生厌倦和不满足。过于专业化的工作缺乏激励和挑战，员工厌倦和单调感上升，旷工率增加，工作的质量将会受到影响。因此，一定程度的专门化是必要的，但要防止过度的工作专门化，如图 5-1 所示。

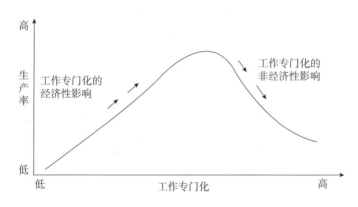

图 5-1　工作专门化的经济性和非经济性影响

（二）组织的部门化

随着组织规模的扩大和生产经营活动的复杂化、高级化，组织业务活动种类越来越多，所涉及的专业领域也越来越广。因此，为了提高工作效率，管理者就必须在劳动分工的基础上，把各项活动进行归类，使性质相同或相似的工作合并到一起组成单位，这样便形成了一个个专业化的部门。部门化的形式是多种多样的，典型的有以下 5 种形式。

1. 职能部门化

职能部门化是将技能相似的专业人员集合在各自专门的职能机构内。如企业的主要职能部门包括生产部门、营销部门、财务部门、人事部门等。按照职能划分的部门可在自己的职能范围内，对下面各部门行使指挥权和命令权。这种组织形式适用于任务较为复杂的社会管理组织。

职能部门化的优点包括：提高专业化水平、加强专业技能、减轻上级领导的工作负担等。

职能部门化的缺点包括：容易形成思维定式、部门主义、增加部门协调的难度。这种方法较多应用于管理部门或服务部门的划分。

2. 产品部门化

产品部门化是指划分管理单位，把同一产品的生产或销售工作集中在相同的部门组织内进行。拥有不同产品系列的公司常常根据产品建立管理单位，按产品划分部门的做法正在被广泛地应用，而且也越来越受到重视。在大型、复杂、多品种经营的公司里，按产品划分部门往往成为一种通常的准则。从职能部门化转变为产品部门化要经历一个发展过程。当组织规模不大、各种产品产量和社会需求量还不够多的时候，企业可能采用职能部门化，随着产品需求量和生产量的发展，企业更倾向于采用产品部门化。

按产品划分部门也体现不同的优缺点，优点表现在以下四个方面：

（1）按产品划分部门，这对于竞争激烈的、多变的市场环境是非常重要的。

（2）按产品划分部门，分部可以形成以利润为目标的责任中心，其承担了总公司的一部分责任，其本身也具有高度的完整性。

（3）按产品划分部门，容易适应产品的发展与变化，任何一种产品发展到一定程度就可以分化出去，成为一个新的独立分部，这使得每一个分部都能保持适当的规模，避免部门无限膨胀带来管理的复杂化。

（4）按产品划分部门，可以为总经理提供可测量的训练场所。

同时，组织按产品划分部门，也呈现出不同的缺点，①按产品划分部门，必须保证各产品分部的有效经营。②按产品划分部门，存在由于总部和分部业务内容重复而增加成本的危险。③分部拥有较大的权力，增加了公司总部的控制问题，若分权及控制不当，可能使公司的整体性受到破坏。

3. 流程部门化

流程部门化又称过程部门化，是指组织按生产过程、工艺流程来划分部门。如机械制造企业划分出铸工车间、锻造车间、机械加工车间、装配车间等部门。

组织按照流程部门化的优点：①能取得经济优势。②充分利用专业技术和技能。③简化了培训，容易形成学习氛围。其主要缺点表现为：部门间的协作较困难，只有最高层的领导才对企业盈利负责，不利于培养综合的高级管理人员。

4. 区域部门化

地区部门化又称地域部门化、区域部门化，即根据地理因素来设立管理部门，并将职责划分给不同部门的经理。把同一地区或区域内发生的各种业务活动划归于同一部门，然后再按这一部门所管辖的范围进一步建立有关的职能部门。这样，一个地区或区域的业务活动便被集中起来，并交给一位管理者负责。其目的是充分利用本地的人力、物力和财力，以便获取区域经营的效益。这种方法被较多地用于一些地理位置比较分散的组织中，特别适用规模较大的公司，尤其是跨国公司。

区域部门化的优点：①责任到区域，每一个区域都是一个利润中心，每一区域部门的主管都要负责该地区的业务盈亏。②放权到区域，每个区域有其特殊的市场需求与问题，可以具体问题具体分析。③有利于地区内部协调。④对区域内顾客比较了解，有利于服务与沟通。⑤每一名区域主管都要负责区域内的所有管理活动，这对培养管理人员大有好处。

区域部门化的缺点：①随着地区的增加，需要更多具有全面管理能力的人员，而这类人员往往不易得到。②每个区域都是相对独立的单位，加上时间、空间的限制，总部难以控制。③由于总部与各区域相距较远，所以难以维持较为集中的经济服务工作。

总体来讲，分部必须具有三个基本要素：相对独立的市场；相对独立的利益；相对独立的自主权。

5. 顾客部门化

顾客部门化又称用户部门化，就是根据目标顾客的不同利益需求来划分组织的业务活动。在激烈的市场竞争中，顾客的需求导向越来越明显，企业应当在满足市场顾客需求的同时，努力创造顾客的未来需求，顾客部门化顺应了这一趋势。

组织按照顾客划分部门呈现出不同的优缺点，其主要优点：①能满足目标顾客各种特殊的需求，可获得用户真诚的意见反馈。②有针对性地"按需生产、按需促销"。③发挥自己的核心专长，创新顾客需求，建立持久性的竞争优势。

顾客部门化的缺点：①只有当顾客达到一定规模时，顾客部门化才比较经济。②增加与顾客需求不匹配而引发的矛盾和冲突。③需要更多能妥善处理和协调组织与顾客关系问题的管理人员。④造成产品或服务结构的不合理，影响对顾客需求的满足。

（三）管理层级与管理幅度

层级管理的思想最早来源于法约尔的"一般管理十四条原则"，而巴纳德在随后的研究中则从组织权威的角度出发，提出隶属关系的确定实际就是正式信息渠道的确定，组织只能逐级管理而不能越级管理。这实际上就是保持信息渠道的完整性。信息交流渠道是否畅通会直接影响组织权威的有效性。组织层级管理具有直线指挥、分层授权、权责明确、标准统一、关系正式等特征。大到一个国家、小到一家企业，这都需要遵循一定的层级管理原则，以确保其秩序性和效率性。

组织的层级设计是指在组织结构设计中需要确定层级数目和管理幅度，需要根据组织集权化的程度规定各层级之间的权责关系，最终形成能够对内外环境要求做出动态反应的组织结构形式。

1. 管理幅度

管理幅度又称管理跨度，是指一名管理者直接有效指挥和监督下属的人数。从形式上看，管理幅度仅表示一名领导人直接领导下级成员的人数，但由于这些下级人员都承担着某个部门或某个方面的业务，所以，管理幅度的大小实际意味着上级领导人直接控制或协调业务活动量的多少。由于管理者的精力和能力有限，每个管理者的管理幅度也是有限的。

2. 管理层次

管理层次亦称组织层次，它是描述企业纵向结构特征的概念。如果从构成企业纵向结构的各级组织来定义，管理层次是指从企业最高一级组织到最低一级组织的各个组织等级。每一个组织等级即为一个管理层次。

在一个组织中，其管理层次的多少，一般是根据组织工作量的大小和组织规模的大小来确定的。工作量较大且规模较大的组织，其管理层次较多；反之，管理层次就较少。一般来讲，管理层次可分为上级管理层、中级管理层和下级管理层三个层次。上级管理层的主要职能是从整体利益出发，对组织实行统一指挥和综合管理，制定组织目标、大政方针和实施目标的计划。中级管理层的主要职能是为达到组织的总体目标，制定并实施各部门具体的管理目标，拟定和选择计划的实施方案、步骤和程序，按部门分配资源，协调各部门之间的关系，评价生产经营成果和制定纠正偏离目标的措施等。下级管理层的主要职能是按照计划和程序，协调基层组织的各项工作和实施生产作业。

3. 管理层次与管理幅度的关系

管理层次与管理幅度互相制约，两者之间呈反相关关系。管理幅度越大，管理层次就越少；管理幅度越小，管理层次就越多。管理幅度的大小影响和决定着组织的管理层次。

　　组织的管理层次与管理幅度的反相关关系决定了两种基本的管理组织结构，即高长型组织结构和扁平型组织结构。

　　（1）高长型组织结构。高长型组织结构具有管理幅度小、管理层级多的特点。组织在采用高长型组织结构时，其组织具有以下优点：①因为管理人员的管理幅度小、管理层级多，所以下级人员晋升的机会较多。②各级别人员的职责与分工比较明确，上级人员可以控制和指挥下级人员。

　　采用高长型组织结构的缺点：①管理人员较多，增加了管理成本。②上下级之间在协调过程中容易发生信息失真或信息传递时间过长等问题。③组织的民主化程度较低。④工作效率不高。

　　（2）扁平型组织结构。扁平型组织结构的特点是管理幅度较大、管理层级较少。扁平型组织结构的优点：①由于管理幅度大、管理层级少，所以上下级沟通渠道短，有利于信息沟通，并减少信息误传。②管理层次少，可以减少管理人员和管理费用，有利于降低管理成本，提高管理效率。

　　采用扁平型组织结构的缺点：①过大的管理幅度会增加管理者的管理困难，导致管理者无时间和精力考虑组织长远发展问题。②下级成员晋升的机会较少。

　　（3）影响管理幅度的因素。根据许多管理学家所进行的大量实证研究，影响管理幅度的因素主要有：管理者和下属的能力、计划制订的完善程度等因素。

（四）职权分配

　　职权是指某个管理职位本身所具有的发布命令和命令得到执行的权力，是通过正式程序赋予某一职位的权力。职权与职位相关，与担任该职位的个人特性无关。一旦某人离开了这个职位，他就不再享有该职位的任何权力。

　　按照古典理论的观点，职权可分为直线职权和幕僚职权。直线职权是向管理者授予直接指挥下属工作的权力。与直线职权对应的是幕僚职权，是指为直线职权服务的具有顾问性质的职位权力。幕僚职权具有顾问性质或服务性质，并对上一级领导负责，虽然不能直接指挥同级的下属，但可以在专业范围内对其进行指导。例如，学校校长由于无法有效地解决学校所有物资的采购问题，从而建立了采购部门，这就是一种幕僚职权。该校的校长也可能发现自己事务过于繁忙而需要一名助理，则助理这一职位就是幕僚职位。一般来讲，在没有得到授权的情况下，拥有参谋职权的人员是不能直接发布指令的。但在实际操作中，参谋人员有时可能会有意或无意地变幕僚职权为直线职权，这样就会导致组织管理混乱并降低管理效率。

　　职责是指履行任务的义务或期望。职权与职责要对等，组织赋予每个部门和每个人员自主完成任务所需的权力，同时每个人员也有责任按照目标要求保质保量地完成任务。如果有责无权，责任方就有可能因缺乏主动性、积极性而无法履行责任，甚至无法完成任务。如果有权无责，权力人就有可能滥用权力，这会影响整个组织系统的健康运行。为保证职权与职责对等，提高个人素质尤其是具备高度的道德素质是避免滥用职权和克服领导人弱点的最佳方法。

（五）集权与分权

1. 集权与分权的含义

集权是指组织的大部分决策权集中在管理层的上层。集权管理是社会化大生产保持统一性与协调性的内在需要。社会生产力的发展和对先进技术的使用，使协作更加紧密、分工更加细致、协调更加重要，所以对集中统一指挥与管理的需要就更为迫切。分权是指将组织的决策权根据各个层次职务上的需要进行分配。技术的发展、环境的变化，要求组织具有更高的灵活性和适应性，要求组织的权力适当分散以增加组织的应变能力。组织结构中集权与分权的关系处理得越恰当就越有利于组织的有效运行。这样才能使高层管理者从烦琐的事务中解放出来，集中精力思考有关战略性、方向性的重大问题。高层管理者对权力的下放会使员工有职、有权、有责、有利，使员工充分发挥才干、积极性、创造性。

2. 集权与分权的相对性

在组织中，集权和分权是相对的，没有绝对的集权，也没有绝对的分权，只是程度不同而已。企业需根据具体情况来确定集权和分权的程度。例如，组织规模大、地理分布广、经营领域宽的企业，宜实行分权化的管理；经营环境稳定、生产技术连续性强的企业，则倾向于采取集权化的管理方式。影响集权与分权的主要因素有以下五个方面：

（1）组织规模。组织规模越大，要解决的问题就越多，为防止组织的决策缓慢，高层管理者必然会把更多的决策权授予下级管理人员。

（2）参与决策过程的主体数量。如果有不同部门参与了决策信息的收集（如生产部门、销售部门）、决策方案的拟订（如计划部门、财务部门）、决策方案的评价（如专家委员会）、决策方案的选择（某主管人员）和决策执行过程的监督（如下级某部门），那么这样的决策权力就是相对分散的；如果所有这些决策步骤都由某主管一人承担，那么决策权力就是集中的。决策之后、执行之前，如果必须报请上级批准，那么分权程度就会降低。

（3）组织文化。一般从内部发展起来的或独资创办的组织，常表现出明显的集权化倾向，合资或联合创办的组织则往往表现出分权的倾向。另外，组织中管理者的主观因素也会影响集权与分权的程度。

（4）下属决策受控制的程度。如果组织制定出较为细致的程序、规则以对成员的决策行为施加影响，那么组织的分权程度就较低；如果组织中低层级管理者可自主决定的事项数目越多，则分权程度就越大；低层级管理者所做的决策越具有重要性，则分权程度就越大。例如，在不请示任何上级的情况下，低层级管理者可以自主决定购买价值 50 万元的设备要比被限制于 5 万元内的决策权更显分权化。低层级管理者所做决策的影响范围越广，则分权程度就越大。例如，允许低层级管理者做出生产、财务及人事方面决策的公司要比那些仅允许低级管理者拥有生产方面决策权的公司的分权程度大。

（5）下级管理人员的素质。如果下级管理人员能力强、水平高，则组织倾向于分权；如果缺少合格的下级管理人员，高层管理者就可能倾向于集权。

3. 集权与分权的优缺点

（1）集权的优点。便于从组织目标出发处理问题，避免局部利益行为，可使组织资源得到更有效的利用，并有助于确保组织政策和行动的一致性，提高组织的控制能力。

（2）集权的缺点。过于集权的组织，弹性差、适应性弱，特别是在社会化大生产的复杂性和多样性面前，无弹性的集权会对组织造成不良影响。如果组织过分集权，则可能降低决策的质量和速度，影响组织的应变能力，并容易挫伤低层人员的积极性和主动性，同时高层管理者也难以集中精力处理重大问题。

（3）分权的优点。有利于提高下级管理者和员工的工作积极性；将控制权分散到各部门，能够很好地满足局部变化的需要；可以使低层管理者得到良好的培训机会；可以使高层管理者摆脱繁杂的日常事务，并把精力集中在重大战略问题上。

（4）分权的缺点。如果组织过度分权，则总部控制较为困难；需要进行更多的汇报或视察性工作；分权后的部门与其他部门的关系可能出现不协调的局面。

三、组织设计的原则

组织是一个有机体，要把许多成员组合起来，形成一个有机的分工协作体系。但这并不是件容易的事情，需要遵循一系列的基本原则，从而确保组织正常运转。

（一）目标导向原则

目标导向原则是指在组织设计时，必须从组织目标、任务出发，并为实现组织目标、任务而服务。正是因为组织各部门存在着共同目标，组织成员才会有效地进行分工协作，并最终实现共同目标。共同目标是维系组织成员的纽带，是组织管理工作的依据。

（二）专业分工与协作的原则

分工是指按照不同专业和性质将组织的任务和目标分成不同层次的单项任务或单项目标，并规定出完成各自任务或目标的手段和方式。分工是提高组织工作效率的基本手段，可以使每个部门或个人专心从事某一方面的工作，增加员工工作的熟练程度和技巧。协作是指规定各个部门之间或部门内部的协调关系和配合方法。组织是一个系统，作为其子系统的各个部门，不能互相脱离而独立运行，各部门必须相互协调才能高效率地完成各自的任务，最终实现组织的总目标，所以分工与协作是相辅相成的。因此，组织设计要按照专业化的原则设计部门和确定任务归属，同时也要考虑组织部门之间的协作问题。

（三）有效管理幅度原则

管理幅度的大小影响和决定着组织的管理层次。对管理者管理幅度大小的设计，必须确保其实现有效控制。也就是说，超过了管理者管理幅度时，就必须增加管理层次。由于管理幅度与管理层次呈负相关关系，所以管理幅度增加，则管理层次就可减少；管理幅度减小，则管理层次就必须增加。层次越多，用于管理的非直接生产费用就越多。同时，最高层管理者与最低层管理者之间的距离过长，向下传达的指示就越容易发生遗漏和偏差，自上而下和自下而上的信息沟通就越困难。层次太少，则上级管理者负担过重，不利于管理者决策其他重大事项。所以在进行组织结构设计时，应根据企业实际情况，划分适当的管理层级，保持正当的管理幅度，以实施更高效率的管理。

（四）命令统一原则

组织的各级部门以及个人只能服从一个上级命令和指挥，这样才能保证命令和指挥的统一性，避免多头领导和多头指挥情况发生。如果有多个上级，下属就会因为上级命令不同而混乱。虽然有时在例外场合必须打破统一指挥原则，但是，为了避免多头领导和多头指挥，组织的各项活动应该有明确的区分，并且应该明确上下级的职权、职责以及沟通联系的具体方式。但是在实践中，这一原则有时过于死板，使组织缺乏必要的灵活性，并造成同一级别不同部门间的横向沟通受阻。因此，在组织结构设计和沟通方式设计时应采取适当的措施予以弥补。

（五）机构精简原则

所谓机构精简原则是指在能够保证组织业务活动正常开展的前提下，尽可能地减少管理层次、简化部门机构，并配置少而精的主管人员。坚持这个原则的优点是非常明显的，第一个优点是组织精炼、反应敏捷、工作效率高；第二个优点是节省人员的费用和组织的管理成本。

四、传统组织结构设计

（一）直线型组织结构

直线型组织结构是最早出现的一种组织结构形式，它的特点是组织中的所有职位实行从上到下的垂直领导，下级部门只接受一个上级的指令，各级负责人对其下属的一切问题负责，直线型组织结构案例如图5-2所示。

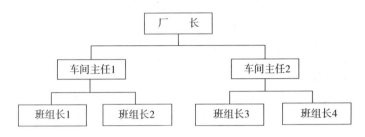

图5-2　直线型组织结构

直线型组织结构的优点包括：结构简单，沟通迅速；权力集中，指挥统一；垂直联系，责任明确。

直线型组织结构的缺点包括：没有职能机构，要求管理者通晓多种知识和技能，管理者要亲自处理各种业务，造成管理者负担过重。这在业务比较复杂、企业规模比较大的组织里，要把所有管理职能都集中到最高管理者一人身上，显然是困难的。因此，直线型组织结构只适用于规模较小、生产技术比较简单的组织。

（二）职能型组织结构

职能型结构是把从事相似或相关职业的专业人员组合在一起的一种组织设计。它是在直线型组织结构的基础上为各级管理者设置职能机构，既能够协助管理者工作，又可使其在职责范围内，有权向下级发布命令和指示。在职能型组织结构中，人员和部门根据职能进行分组，职能型组织结构如图5-3所示。

职能型组织结构的优点包括：分工细致，具有专业分工优势，能发挥专业管理的作用；组织可在重要的职位上聘用职能专家。

职能型组织结构的缺点包括：强化了职能目标而不是组织目标，可能出现集权化的倾向；容易出现多头领导，削弱统一指挥权；过度专业化不利于培养全面的管理人才。

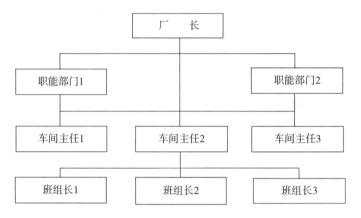

图 5-3　职能型组织结构

（三）事业部制组织结构

事业部制组织结构是一种高层集权下的分权管理体制，是把企业的生产经营活动按产品或地区的不同建立经营事业部，每个事业部在总公司的领导下实行独立核算、自负盈亏。其主要适用于拥有较为复杂的产品类别和较为广泛的地区分布的跨国公司或大型企业集团。事业部制组织结构是大型组织内部相关多元化业务的组合，既保留了产品组织的形式，又加强了业务间的彼此联系，事业部制组织结构案例如图 5-4 所示。

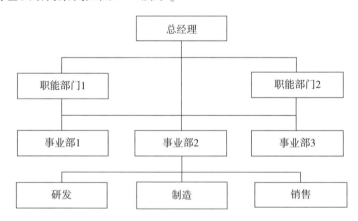

图 5-4　事业部制组织结构

事业部制组织结构的优点包括：有利于部门之间协作和资源共享；各事业部之间对资源的健康竞争可以提高工作效率；对产品的生产和销售实行统一管理、自主经营、独立核算，有利于发挥各事业部的积极性、主动性，使其更好地应对市场需求变化；有利于高层管理者摆脱日常事务，集中精力考虑企业发展等宏观战略问题；有利于锻炼和培养综合型管理人员。

事业部制组织结构的缺点包括：组织采用事业部制组织结构容易出现本位主义、指挥不灵、企业整体性差、职能机构重复设置以及管理人员增多等情况；事业部制组织结构要求管理者必须具备较高的管理素质，否则会造成组织管理的困难。其主要适用于规模庞大、产品种类繁多、技术复杂的企业。

五、当代的组织设计

随着经济全球化的发展，外部环境呈现复杂化和动态化，这些变化使很多组织都察觉到了传统的组织设计已经无法适应环境的变化。所以管理者正在寻求各种创新方式来构建和组织工作，当今常见的组织结构包括矩阵制组织结构、多维立体型组织结构、网络型组织结构、学习型组织结构等。同时，组织在工作以及人员的安排上，也更追求灵活性与创新性。

（一）矩阵制组织结构

矩阵制组织结构是现代大型项目管理中应用最广泛的组织形式，是一种把按职能划分的部门同按产品、服务或工程项目划分的部门结合起来的组织结构。矩阵制组织结构既发挥了职能部门的纵向优势，又发挥了项目组织的横向优势，把企业职能和项目职能有机结合，形成一种纵向职能机构和横向项目机构交叉的矩阵制组织结构。在矩阵制组织结构中，每个成员既要接受各自部门管理者的领导，又要在执行某项任务时接受项目负责人的指挥。

矩阵制组织结构的优点包括：责任性和适应性较强，有利于加强各职能部门之间的协作和配合，组织成员有机会学到更多的技能，并且有利于开发新技术、新产品和激发组织成员的创造性；具有高度的灵活性和流动性，可以随时组建、重建和解散各部门，有助于适应快速变化的外部环境；对于高层管理者而言，矩阵制组织结构是一种有效的分权工具，可将日常运营任务委派给他人，可以减轻高层管理者的负担。

矩阵制组织结构的缺点包括：组织结构稳定性较差，双重职权关系容易引起冲突；项目经理过多、机构臃肿；管理者为各项目指派合适人员存在复杂性；群体的行为方式也可能使组织决策效率下降。矩阵制组织结构主要适用于科研、设计、规划项目等创新性较强的工作单位。

（二）多维立体型组织结构

多维立体型组织结构是由美国道-科宁化学工业公司（Dow Corning）创立的。它是在矩阵制组织结构的基础上发展起来的。所谓多维，是指组织中存在多种管理机制。按产品划分的事业部成为利润中心；按职能划分的专业参谋机构成为专业成本中心；按地区划分的管理机构成为地区利润中心。在这种组织结构下，按产品划分的事业部与专业参谋机构、地区管理机构共同组成产品指导机构，对同类产品的产销活动进行指导。

在多维立体组织结构中，事业部经理不能单独做出决定，必须在由产品事业部、职能机构和地区机构三方共同协商一致同意的前提下做出决策。这种组织上的多重结构，可确保公司对营运的多维管理和协调。

多维立体型组织结构的优点包括：有利于形成信息共享、共同决策的协作关系。

多维立体型组织结构的缺点包括：由于这种组织形式比较复杂，存在权力交叉、多重领导等问题，所以适用于产品、服务多样化和地区分散化程度都较高的大型跨国企业。

（三）网络型组织结构

网络型组织结构是利用现代信息技术手段，适应与发展起来的一种新型的组织结构。网络结构是一种很小的中心组织，依靠其他组织以合同为基础进行制造、分销、营销或其他关键业务的经营活动的结构。网络型组织结构是目前流行的一种新形式的组织设计，它使管理者对于新技术、时尚，或者来自海外的低成本竞争能具有更大的适应性和应变能力。在网络型组织结构中，组织的大部分职能从组织外"购买"，这给管理者提供了高度的灵活性，并使组织集中精力做它们最擅长的事。

网络型组织结构的优点包括：组织结构具有更大的灵活性，以项目为中心的合作可以更好地结合市场需求来整合组织的各项资源，而且容易操作，网络中的各个价值链部分也随时可以根据市场需求的变动情况增加、调整或撤并；另外，网络型组织结构简化了机构和管理层次，实现了企业授权式的管理。

网络型组织结构的缺点包括：可控性太差。这种组织的有效运作是基于与独立的供应商的合作来实现的，由于存在"道德风险"和逆向选择，一旦组织所依赖的外部资源出现问题，如质量问题、价格问题、交货问题等，组织将会陷于被动的境地。另外，外部合作组织都是临时性的，如果网络中的某一合作单位因故退出且不可替代，那么该组织将会面临解体的危险。网络型组织结构还要求建立组织文化以保持一定的凝聚力，然而，由于项目是临时性质的，员工随时都有被解雇的风险，因而员工对组织的忠诚度也较低。网络型组织结构适用于玩具制造、服装加工等公司。

（四）学习型组织

学习型组织是通过培养弥漫于整个组织的学习氛围、充分发挥员工的创造性思维能力而建立起来的一种有机的、高度柔性的、扁平的、符合人性的、能持续发展的组织。设立学习型组织的目标通常是提高品质、改善工作环境和提高绩效。如果组织中的每个成员每天学习一样新事物并且能够将知识转化为同工作相关的技能，那么该组织会不断改进。同时，授权是学习型组织存在的基础条件之一。学习型组织自主决定需要学习的内容及解决的问题。这些获得授权的员工和团队几乎不需要上级领导的管理与控制，管理者一般起促进、支持与推动的作用。

第二节　组织变革

即使是设计完美的组织，在运行了一段时间后都必须进行变革，因为，随着内外环境的变化，组织必须进行变革才能应对未来的挑战。本节将围绕组织变革的内容、变革的模式及变革的过程等一些具体问题进行讨论，同时还将讨论阻碍组织变革的因素，并从中总结出降低组织变革阻力的具体对策。

一、组织变革的内容与模式

（一）组织变革的内容

组织变革具有互动性和系统性，总体来讲涉及五个方面，即人员、结构、技术、任务、文化。任何一个因素的变革都会带来其他因素的变化，各阶段由于环境不同，变革的内容和侧重点也不同。

1. 对人员的变革

对人员的变革就是通过改变员工的知觉、态度、能力与期望，从而改变员工的行为。其主要目的是使员工对组织目标形成统一认识，并且提高成员之间的合作效率。

2. 对结构的变革

对结构的变革包括权力关系、协调机制、集权程度、职务与工作设计等其他结构参数的变革。例如，管理者合并或增设一些部门，剔除或增加一些垂直层级，扩大或缩小管理幅度，实施授权或分权，重新设计工作流程、内容及方法，重新撰写工作说明书，变革组织的奖惩制度等。

一般来讲，成功的结构变革是通过自上而下的方式实现的。结构变革的经验来自于组织的中高层管理者，结构变革的支持者也为中高层管理者。如果结构变革在低层员工中引起负面效果，那么员工的抱怨和不满会提醒管理者。员工的不满情绪是结构变革的内在动力，高层管理者一旦察觉到变革的需求，就会提出和实施变革。

自上而下的结构变革并不意味着强迫是最佳战术。具体的实施策略还包括教育、与员工谈判等。除非情况紧急，管理者不应将结构变革强加给员工。总之，自上而下的结构变革虽然意味着新思想、新措施自上而下实行，但这并不意味着低层员工不用接受相关教育或不用参与其中。

3. 对技术的变革

对技术的变革包括对作业流程、设备、工艺、生产方法、控制与信息系统等进行的变革。当今技术创新呈指数化发展，技术变革对组织而言变得日益重要，组织如何利用信息科学技术来提升组织管理品质与经营绩效，是技术变革努力的方向。

一般来讲，技术变革都是自下而上发生的，这就意味着技术创新思想源于较低的组织层次，然后反映到高层管理者申请批准。位于较低层次的技术专家充当了变革的先驱——他们发明并支持技术变革，所以低层级的员工理解技术并且拥有技术变革的经验。一个松散、灵活、分权的组织结构使员工拥有发动技术变革的自由和机会。而一个僵化、集权和标准化的组织结构则会扼杀技术革新。

自上而下的技术变革通常不起作用。高层管理者远离生产过程，缺乏技术开发的经验。高层管理者强制下达的技术变革通常是产生更少而不是更多的技术革新，创新思想的火花是从贴近技术的员工中产生的。

4. 对任务的变革

对任务的变革主要包括对工作的内容、程序及步骤进行的变革。因此，任务变革的重点是探讨工作活动的次序、方式，以及所要执行的作业。通常任务变革与技术变革和组织结构变革紧密相连，但任务变革也可能单独发生。一般而言，以任务为基础的变革所伴随的组织变革和技术变革使工作变得更加丰富。

5. 对文化的变革

对文化的变革主要包括对组织所共有的价值观、习惯与基本行为的改变。虽然文化变革与组织的其他变革有高度的关联性，但是文化变革往往面临巨大的阻力，即使在最有利的条件下，文化变革也往往需要很长的时间才能转变成功。因此，文化变革可以说是一种根本变革。

（二）组织变革的模式选择

1. 激进式变革和渐进式变革

按照变革进程，组织变革分为激进式变革和渐进式变革。

（1）激进式变革。力求在短时间内，对企业组织进行大幅度的全面调整，以求彻底打破初态组织模式并迅速建立目的态组织模式。激进式变革能够以较快的速度达到改革的目标，因为这种变革模式对组织进行的调整是大幅度的、全面的。与此同时，激进式变革会导致组织平稳性变差，容易引起组织成员心理震荡，并招致成员抵触。

（2）渐进式变革。通过对组织进行小幅度的局部调整，力求通过一个渐进的过程，实现初态组织模式向目的态组织模式的转变。这种方式的变革对组织产生的震动较小，而且可以经常性地、局部地进行调整，直至达到目的态。这样有利于维持组织的稳定性，但这种变革方式的不利之处在于容易产生路径依赖，使组织长期不能摆脱旧机制的束缚。

2. 自上而下式、自下而上式和上下结合式变革

按照变革的起点与方向，组织变革可分为自上而下式变革、自下而上式变革和上下结合式变革。

（1）自上而下式变革。组织变革始于中高层管理者，逐渐向下扩展到整个组织。这种方式的变革有利于组织做出全局调整，但其涉及面广、范围广，需要进行周密的计划。

（2）自下而上式变革。组织变革始于基层管理者，逐渐向上延伸到中高层管理者。自下而上式的组织变革方式有利于分块进行变革，在局部试运行，效果满意后再推广到整个组织，但由于组织中许多问题相互牵连，会减慢变革的进程。

（3）上下结合式变革。由于组织是一个由各种层级构成的复合整体，因此最好采用上下结合式变革，以利于统筹安排。

3. 主动式变革和被动式变革

按照变革力量的来源不同，组织变革的模式包括主动式变革和被动式变革。

（1）主动式变革。其动力源于组织内部，而且是在事先预见的基础上做出变革的决策。由于组织变革通常需要一段时间才能产生效果，组织若能在危机来临之前就主动进行组织变革，这样就能避免在绩效下降时，仓促进行组织变革。

（2）被动式变革。迫于经济绩效不佳的压力或宏观行政干预和政治环境的压力等，被动采取的变革。

二、组织的变革过程

组织变革是一个复杂的、动态的过程，需要有系统的理论指导。管理学对此提出了行之有效的理论模型，适合于不同类型的变革任务。

（一）卢因的观点

库尔特·卢因（Kurt Lewin）在1951年提出一个包含解冻、变革、再冻结三个步骤的组织变革模型，用以解释和指导如何发动、管理和稳定变革过程。卢因特别重视在组织变革过程中人的心理机制，其认为组织成员态度发展的一

般过程及模式反映着组织变革的基本过程。

1. 解冻

解冻,是变革前的心理准备阶段。旨在打破既有行为、组织结构及成员的价值观念,引发组织成员变革的动机,创造变革的需要,并为组织变革做好准备工作。解冻强调快速与共识,目的是明确变革的必要性,产生必须变革的共识。为了让成员能够真正理解变革的必要性,需要收集组织现状不能令人满意的证据、与其他组织进行横向比较并发现自身的差距、聘请外部专家帮助论证变革的必要性、指出必须进行变革的形势和压力。

2. 变革

变革的任务就是按照所拟定的变革方案要求开展具体的组织变革运动,以使组织从现有结构模式向目标模式转变。变革分为试验与推广两个步骤。这是因为组织变革的涉及面较为广泛,组织中的联系相当错综复杂,往往"牵一发而动全身",这种状况使得组织变革方案在实施之前要先进行一定范围内的典型试验,以便总结经验,修正进一步的变革方案。这一过程往往由一个变革领导小组推动。该小组最好由组织内部成员及外部聘请的咨询人员共同组成,由其解释变革的理由、日程安排、对组织和个人可能产生的影响等,鼓励成员参与变革计划的拟定和执行,就变革等问题向成员提供咨询,随时出面解决变革过程中出现的新问题。在试验取得初步成效后再进入大规模的全面实施阶段。这样做还有另一个好处,即可以使一部分对变革尚有疑虑的成员能在试验阶段便及早地看到或感觉到组织变革的潜在效益,从而有利于争取更多组织成员在思想上和行动上支持所要进行的组织变革,并踊跃跻身于变革的行列中,由此实现从变革观望者、反对者向变革支持者和参加者转变。另外,组织要想把激发起来的热情转化为行动,就需要运用多种策略和技巧以减少变革实施过程中遇到的阻碍与抵制,进一步调动员工参与变革的积极性,使变革成为全体员工的共同事业。

3. 再冻结

再冻结是指要把变革后出现的新状态稳固下来,为此应系统地收集变革过程中获得成功的客观证据,把这些信息及时、经常地反馈给变革的参与者,增强他们的信心。由于人们的传统习惯、价值观念、行为模式、心理特征等都是社会生活中逐渐形成的,不会因为一次变革而发生彻底改变,因此,在变革顺利实施后,还应该通过各种方式强化组织成员行为的维持。例如,提出工作要求、提供奖励措施等。如果在组织变革过程中没有再冻结这一阶段,那么变革的成果就有可能消失,而且对组织及其成员也将只有短暂的影响。

（二）杰伊·洛尔施的观点

杰伊·洛尔施(Jay W. Lorsch)指出,变革的内容包括以下四点:①创设一个需要变革的氛围与知觉。②分析诊断环境，以创造变革的需要，并决定变革的方向。③同变革所涉及的有关人员进行沟通。④监视变革，并适时做些调整修正，使之达到预定的目标。

杰伊·洛尔施认为，以上四点虽基于不同视角，但也有其相互重叠的内容。因此，实际的变革步骤可能直接从诊断开始。同样，当系统地分析环境或问题时，可能相关人员的实际沟通和交流就已经开始了。

三、组织变革的阻力及其克服的策略

组织变革不会一帆风顺，更不会一蹴而就，相反，由于制度、思想、观念、人际关系及既得利益集团的制约与影响，大部分的变革都是在重重阻力下进行的。

(一) 组织变革的阻力

组织变革的阻力，是指组织成员反对变革、阻挠变革甚至对抗变革的制约力。这种制约组织变革的力量可能来源于个体、群体，也可能来自组织本身甚至是外部环境。

阻止组织变革的现象包括业务开拓进度慢，工作效率降低；生产成本增加，经济收益下降；员工离职率上升；人际关系紧张，与同事或领导发生冲突；工作积极性下降，消极怠工现象普遍等。造成这种局面的原因主要有个人和组织两大因素：

(1) 个人因素。个人对变革的阻力主要表现在，一旦某种思想成为定式之后，即使是正确的观点，也很难改变其原有思维。而且，人们总是按照自己的习惯对外部环境的刺激做出反应，并且一些习惯形成后还会成为个人获得满足的源泉，当组织变革试图改革成员的习惯时，则变革会受到阻力。成员经常习惯于原有的管理制度、作业方式和行为规范，任何变化都会使他们感到不自然、不安全，这会威胁到原有的平衡。群体对变革的阻力主要表现在群体之间的依赖性。如果组织成员没有培养自我尊重的观念，对组织中其他人的依赖性就可能成为变革的阻力。

(2) 组织因素。组织结构变革可能会打破过去固有的管理层级和职能机构，并采取新的措施对义务与权利重新做出调整和安排，这就必然触及某些团体的利益和权力。如果变革的目标与这些团体的目标不一致，组织也很难顺利进行变革。另外，组织变革意味着随着组织固有关系结构的改变，组织成员之间的关系也需要随之调整。非正式团体的存在使这种新旧关系的调整需要较长的过程。在这种新关系结构未被确立之前，组织成员之间很难磨合一致，一旦发生利益冲突就会使组织成员对变革的目标和结果产生怀疑。

（二）降低变革阻力的策略

组织的任何变革都存在两种力量，即推动变革的力量和阻碍变革的力量。组织变革成功的关键在于使推动变革的力量大于阻碍变革的力量，因此管理者应该最大限度地降低阻碍变革的力量。即在变革之前做好充分准备，在变革过程中不断地增强推动变革的动力。

1. 变革之前阻力的降低

首先，通过与员工的沟通，帮助员工了解变革的理由，可以降低变革的阻力。其次，在进行重大组织变革之前，组织会对关键职位进行人事调整，选拔对变革有推动作用的人员，撤换阻碍变革的人员。再次，精心设计方案，加强对变革的宣传。运用科学的理论和方法认识现实中的问题，制定合理完善的方案，这是保证组织变革成功的基本前提。同时，组织变革前的宣传工作十分重要，它可以起到告示和沟通的双重作用。最后，提高组织成员的参与程度，消除抵制心理。组织成员参与变革活动包括共同选择和拟定变革方案、共同分享情报资料、加强思想交流与信息沟通、对出现的问题尽量采取民主协商的方式解决。在变革决定之前，需要将持反对意见的人吸引到决策过程中来。如果参与者能以其专长为决策做出有益的贡献，那么他们的参与就能在降低变革阻力、取得支持的同时提高变革决策的质量。

2. 变革之中阻力的消解

首先，要采取正确的变革方式。组织变革能否采用有效合理的方式，这直接决定变革阻力的大小，进而决定变革的成败。只有计划性变革能减少阻力，激发组织成员的聪明才智，共同系统地研究问题和制定变革方案，从而在谅解、支持的基础上，朝着预定的目标进行变革。同时，要积极加强变革中的革新行为，及时肯定和奖励变革中的创新行为。

其次，降低组织变革的心理阻力，推动变革前进。利用组织中良好的规范对抵制变革的个别成员施加压力、迫使他们遵从组织行为。尽量避免采取强硬措施，以免引来更强烈的抵制。

最后，如果在变革过程中，遇到的变革阻力强大而且持久，这时组织将不得不接受现实的压力，放弃较高的目标期望，以降低目标的方式来换取有限目标的实现，即折中妥协。

 本章小结

在管理学中，组织既包括静态的组织也包括动态的组织。静态的组织是

指，为了达到特定的目标，经由分工与合作及不同层次的权力和责任制度而构成的人的集合。动态的组织是指，为实现组织目标而进行的一系列组织活动，如资源配置、确定职权关系、发布指令并监督组织运行等。组织内的全体成员为实现组织目标，在工作中进行分工协作，通过职务、职责、职权及相互关系构成的结构体系为组织结构。组织结构具有复杂性、正规化和集权化等基本特性，影响组织结构的因素包括环境、规模、战略目标及技术。组织设计包含五项关键因素，即工作专门化、组织的部门化、管理层级与管理幅度、职权分配、集权和分权。传统的组织结构设计有直线型组织结构、职能型组织结构和事业部制组织结构。与此相对应，当代的组织结构设计更注重组织的灵活性与创新性，主要的组织结构设计包括矩阵制组织结构、多维立体型组织结构、网络型组织结构和学习型组织结构。

随着内外部环境的变化，即使是设计完美的组织结构，在运行一段时间后也需要进行变革。组织变革的主要内容包括对人员的变革、对结构的变革、对技术的变革、对任务的变革以及对文化的变革。按照组织变革的程度和进程，组织变革模式分为激进式变革、渐进式变革两种模式；按照组织变革的起点与方向，组织变革模式包括自上而下式变革、自下而上式变革和上下结合式变革三种模式；按照变革力量的来源，组织变革模式有主动式变革和被动式变革两种模式。

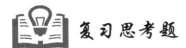

复习思考题

（1）组织的定义是什么？

（2）组织设计的目的是什么？

（3）什么是组织的管理幅度？

（4）影响组织结构的因素包括哪些？

（5）什么是直线型组织结构？

（6）什么是矩阵制组织结构？

（7）什么是工作专门化？

（8）组织变革的模式有哪些？

（9）组织变革的过程是什么？

（10）如何克服组织变革的阻力？

第六章　领导

领导水平的高低，决定着一个单位发展水平的高低。　——佚名

学习目标

· 掌握激励理论的一般原理。
· 掌握领导的内涵，理解领导的作用、权力及权力来源。
· 了解领导的一般理论，掌握一些典型的领导理论。
· 掌握领导方法，了解基本的领导艺术。

马云：企业领导者要具备的三个素质

我觉得一个领导者在企业里面有三样是最关键的：第一是眼光，第二是胸怀，第三是实力。

第一是眼光，我认为读万卷书不如行万里路，中国所有企业家都必须要多看一看，因为读遍万卷书最后还要试一试，看一看。我自己有一次打击挺大，是在日本，2002 年阿里巴巴做了 1 块钱的利润，我一天收入 100 万元的时候觉得 4 年公司一天做到 100 万元的现金收入挺得意，因为我们卖的都是知识，唯一成本就是人的工资和电费、税费、房租，没有什么原材料。我到日本去，有一个日本企业家跟我聊天，他说今年生意做得不是很好，营业额很糟糕，还是往下走，当年只做了 200 亿。我问："200 亿日元？"他说："200 亿美元。"那个时候我就知道人与人的差距，他觉得 200 亿美元觉得差，我一天 100 万的收入觉得很好，人与人之间的距离不可怕，可怕的是不知道人与人之间的距离。所以我觉得一个领导者，眼光非常重要。

第二是胸怀，这是我自己的想法。你把 6 个人放在一个房间里面做一个实验，把他们关两个小时，发现一个人特别出色，他一定是领导者，这是一个概念；你让 7 个人在一起的时候，中间一定有一个人是混蛋，这也不同意，那也不同意，就是古里古怪的事，这个世界上一定有 30% 混蛋的人，这个人有时候可能就是你自己。所以不要追求所有人都相信你。当领导者一把手、二把手，二把手永远理解不了一把手，所以不要寄希望于所有人都会同意你，宰相肚子里面能撑船是因为宰相的冤枉太大了，你今天忙着解释还不如把这个东西做出来，实施出来，这是我自己对胸怀的认识。这半年我是最难受的半年，因为前面 6 年我已经习惯我说的话人家说这不对、那不对，我已经习惯了，所以自己感觉胸怀大了很多。还有一个将来每一个人都会成为领导，经过学习就会成为领导，领导者不要过多相信媒体，因为媒体有的时候会把你说得很好，有的会说得你很坏。我认为媒体对我报道是不真实的，也没有那么好，也没有那么坏，就是普普通通的人。

第三是实力。什么是实力，实力就是一次次的失败，一次次的打击能够再站起来，永不放弃的精神就是实力。我自己觉得这两年有一点体会，我充满激情，激情就是我可以失败一个项目，可以犯一个错误，可以丢掉一切赚钱的机会，但是我不会丢掉我的梦想，我还会再度起来一直搞，搞到成功为止。但是不要愚蠢到用头和墙去撞，人要成功要学会永不放弃，但是人真正学会放弃才会进步，这是我的理解。有的时候失败，要学会永不放弃，但是学会舍，学会弃是非常重要的。我喜欢金庸武打小说，任何人的成功都是经过坚强辛苦的锤炼，我公司从 1999 年创办阿里巴巴，在长城上面我发誓这一辈子就创办中国人创办的全世界最伟大的公司，我就想做一家伟大的公司，这个理想我不会改变，不断地把公司领向这个方面，这是一个意念，我可以失败很多次，但是不失败这个意向。

（根据马云在北大光华的演讲改编）

第一节　行为的基础

一、人格与个体行为

（一）人格的定义

人格，也叫个性，是构成人与人之间相互区别的一组相对稳定的心理特性。它是个体在行为上的内部倾向，表现为个体适应环境时在能力、情绪、需要、动机、价值观、气质、性格和体质等方面的整合。人格有两层含义：一层含义是指外在的、公开的自我，即一个人表现出的行为和扮演的角色；另一层含义是指真实的、内在的、内隐的自我，这往往也是人们出于某种原因而不愿展示的自我。

（二）"大五"人格特质

"大五"人格是人格五因素模型的五个维度。每个人在这五个维度的表现各有差异，程度不同，这五个维度如下：

（1）外倾性，即个体对人际关系的适应程度。外倾者比较合群，善于与人交往，而且具有决断力和独立性；而内倾者则倾向于自我封闭、内向、谨慎、胆小、害羞、安静和少言寡语。

（2）随和性，即个体服从他人的倾向性。随和性较高的人善于与人合作、热情、信任他人；随和性较低的人待人冷淡、敌对。

（3）责任心，即这一维度是对人的信誉度的测量。具有高度责任心的人负责任、做事有条不紊、值得依赖，而责任心较低的人则注意力很容易被分散、做事缺乏耐心和计划，且不可信任。

（4）情绪稳定性，即个体承受压力的能力。具有积极情绪稳定性的人平和、自信和具有安全感；具有消极情绪稳定性的人易紧张、焦虑、失望和缺乏安全感。

（5）经验的开放性，即个体思维的开放性，其具有广泛且独特的兴趣。开放性高的个体富有创造力、好奇心、艺术的敏感性和领悟力；开放性低的个体比较保守、思想狭隘、小心谨慎、易满足于做自己熟悉的事情。

（三）其他人格特质

尽管人格五因素模型中的人格特质为理解个体行为提供了非常全面的解释，但这些特质远远不是对个体人格的唯一描述。

1. 控制点

控制点是人们确信行为影响结果的程度。例如，有些人相信只要努力工作，就可以获得职位晋升；有些人则认为，能否职位晋升取决于机遇。这些认为自己可以掌控命运的人，被称为内控者；认为自己受命运操纵的人，被称为外控者。

2. 马基雅维利主义

马基雅维利主义被用以描述以获取权力和控制他人行为为目的的行为。研究表明，高马基雅维利主义者比低马基雅维利主义者更愿意操纵别人，其更多地说服别人而难以被别人说服。低马基雅维利主义者则更加情绪化，不愿意为成功而说谎，珍视忠诚和友情，不愿意操纵他人。研究发现，马基雅维利主义者在以下方面成效卓著：①当与别人面对面交往，而不间接地相互作用时；②当情境中要求的规则与限制最少，并有即兴发挥时；③当情绪投入与获得成功无关时。

3. 自我效能

自我效能是对自己有能力完成任务的信心。自我效能高的人相信自己可以出色地完成某一具体任务。能力的自我评估对自我效能具有影响，人格也会影响自我效能。

(四) 情绪与情绪智力

情绪是对某人或某事的强烈感觉。情绪智力，也称为情商，是个体管理自我意识、情绪、自我激励、表现同情心和掌握社交技能的水平。情绪智力包括五个维度：

(1) 认识自身情绪的能力，是指个体对自身感受的意识能力。

(2) 妥善管理情绪的能力，是指个体平衡焦虑、恐惧和愤怒的能力，令个体无须过度在意任务是否完成。

(3) 自我激励的能力，是指保持乐观和在困难、失败和挫折面前不屈不挠的能力。

(4) 认识他人情绪的能力，是指理解他人感受的能力，特别是在没有被告知的情况下。

(5) 人际关系的管理能力，是指个体同他人相处并建立积极关系的能力。

研究表明，情绪智力高的个体，其工作绩效高的可能性极大，特别是在需要高度人际互动和涉及指导他人的职位上。

二、知觉与个体行为

(一) 知觉与感觉的联系与区别

知觉是个体意识和解释环境信息的一组过程，知觉是客观事物的整体在人脑中的反映，是人组织和解释感觉信息的过程。感觉是直接作用于人们感觉器官的客观事物的个别属性或个别部分在人脑中的反映。同组织有关的基本感觉过程是选择性知觉和刻板印象。

感觉和知觉都是直接作用于感觉器官的当前事物在人脑中的反映，所产生的主观映像都是具体的感性形象。并且，感觉是知觉的成分，是知觉的基础；知觉是在感觉基础上所产生的，它依赖于人脑中存储的一系列感觉信息的组合，可以说没有感觉就没有知觉。但感觉反映事物的个别属性，而知觉则是对事物各种属性、各个部分及其相互关系综合的、整体的反映程度。

（二）影响个体知觉的因素

为什么面对同样的事物，不同的人会有不同的知觉？究竟有哪些因素可以影响人的知觉，甚至扭曲知觉？影响个体知觉的因素主要包括个体的知识经验、知觉的角度以及主体的需要和情绪三个方面。

1. 知识经验

个体具有的知识和经验对于知觉的选择性也有很大影响。个体因其生活环境、学习内容等不同，积累不同的知识，形成不同的经验，在对相同的事物进行知觉时，有时会出现较大差异。只有具备相关的知识经验，才能看到事物所包含的更多特征和属性。

2. 知觉的角度

"横看成岭侧成峰，远近高低各不同。"苏轼的这首诗中包含着一个极其简单的道理：因观看的角度不同，则看到的就可能是完全不同的事物。如图6-1所示，同一幅图片，旋转180度之后看到的图像和此时的图像是完全不同的两个画面。

3. 主体的需要和情绪

个体的需求不同，对待同一事物的知觉在很大程度上也不相同。一般来讲，能够满足个体需求，或者符合个体需求的事物，容易成为知觉的对象；不能满足个体需求，或者不符合个体需求的事物，则较难成为知觉的对象。情绪对时间知觉的影响十分明显。例如，"一日不见，如隔三秋""度日如年"等。

（三）社会知觉中的常见效应

1. 选择性知觉

选择性知觉是识别导致不舒服或同本身信仰冲突的信息。例如，假设经理特别欣赏某位员工，则经理就会对这位员工表现出特别积极的态度并且认为该员工是最优秀的员工。如果某天经理看到这位员工工作并不认真，那么因选择性知觉的作用会让这位经理很快忘掉他所看到的现象。相反，如果经理对某位员工形成非常消极的印象，他会认为这位员工绩效不佳。即使某一次他发现这

图 6-1　你看到了什么表情

位员工表现出很高的绩效，他也不会长时间记住该现象。所以，选择性知觉是有益的，因为它能够帮助我们忽略不重要的信息。当然，这种有益性的前提是我们的基本知觉必须准确。

2. 晕轮效应

晕轮效应又称"成见效应""光圈效应""日晕效应"，指在人际知觉中所形成的以点概面或以偏概全的主观印象。老师在面对学生时，容易产生晕轮效应，即学习成绩好的学生往往会被认为是智商高、聪明、热情、有创造性的学生；成绩不好的学生或调皮捣蛋的学生往往被认为是什么事情都做不好、一无是处的学生。

3. 刻板印象

刻板印象是指对某一类事物产生一种比较固定的看法，也是一种概括而笼统的看法。某些类型的刻板印象是有用的和有益的。例如，在人们的心目中，母亲是一个伟大的形象，她们慈爱、温柔、贤惠、为家庭尽心尽力。但有些刻板印象可能是不准确的，甚至是有害的。组织很有可能因为管理者的刻板印象而失去一些优秀的员工。

(四) 知觉与归因

归因理论最早是由美国心理学家海德提出的。海德认为，人们都有一种理解、预测和控制周围环境的需要。为了满足这种需要，人们就根据各种线索对已发生的行为和事件进行原因解释，人们只有了解了事件和行为变化的原因，才能理解这个世界，预测世界的变化，从而达到控制世界的目的。在现实生活中，人如果缺乏对世界的理解、预测和控制感，就会感到无所适从。所以，人生活在这个世界上，几乎每时每刻都在有意无意地进行归因活动。

当我们对某一个体的行为进行观察的时候，会对该个体产生这个行为的因素进行分析。通常通过对区别性、一致性和一贯性三个要素的分析来判断某一行为是由于内部原因还是外部原因造成的。

1. 区别性

区别性是指我们对他人做出的判断取决于我们对于某种特点行为的归因。例如，某个同学今天上课迟到了，那么我们需要判断这位同学是不是经常迟到。如果这位同学平时都很守时，只有今天迟到了，那么观察者可能会将其归为外部原因，比如该同学路上遇到了突发状况等。如果这位同学经常迟到，那么观察者可能会将其归因为内部原因，比如这位同学不喜欢学习，缺少守时观念等。

2. 一致性

一致性是指身处相似情境的每一个人都采取同样的方式予以回应。如果某班级的所有同学都迟到了，那么迟到这个行为就符合一致性的标准。行为的一致性越高，观察者越倾向于对其做外部因素归因。

3. 一贯性

一贯性是指某个体长期以来都表现出一致的行为。行为的一贯性越高，观察者越倾向于对其做内部因素归因。

三、态度与个体行为

（一）态度的概念

态度是人们对具体观念、情境或他人的信念和感觉的综合体。态度由认知成分、情感成分和意向成分构成。认知成分是指个体对情境所持的信念、观点或知识；情感成分是指个体对情境的感受和情感；意向成分是指个体对情境或在情境中的预期行为。

（二）与工作相关的态度

管理者对员工所持有的态度并不感兴趣，而对与工作相关的态度十分感兴趣。因为员工对工作的态度直接影响工作绩效的高低与组织目标的实现。

1. 工作满意度

工作满意度是指员工对自己工作所持有的总体态度。个人因素与组织因素决定了员工的工作满意度。个人因素包括个人的需求和渴望；组织因素包括与同事和主管的关系、工作环境、工作政策及报酬。员工对工作满意度的高低直接影响了组织的绩效、员工的离职率与客户的满意程度。对工作满意的员工，其工作效率更高，对工作满意度高的员工，其缺勤率和离职率一般比较低，并且员工满意度与客户的满意程度呈正比例关系。

2. 组织承诺

组织承诺是反映个体认同或依赖组织的态度，表达了员工对组织及其前景的认同与关注。组织承诺通常包括三个方面，即保持组织成员身份的强烈期望、愿意做出更多的努力、对组织的价值观和目标的认同。

研究表明，组织承诺随员工的年龄、工作年限、工作保障和参与决策程度的提高而提高。

3. 工作投入

工作投入是指员工对工作的认同、积极参与以及对工作绩效的重视程度。高水平工作投入的员工通常高度认可并切实关注其所从事的工作。研究发现，高水平的工作投入通常与更低的缺勤率、更低的离职率和更高的员工敬业度相关。

工作投入反映的是员工对工作内容的认可程度，组织承诺反映的是员工对所在组织的认可程度。工作投入与组织承诺并无正相关关系，员工有可能喜欢某份工作内容，但不喜欢所在组织；也有可能是员工不认同工作内容，但十分认同组织的价值观和目标。

（三）改变态度的基本方法

1. 改变客观事实

事实是人们认知因素形成的基础，也是态度改变的基础。当客观事实发生变化时，对该客观事实的态度，也会随之发生变化。

2. 参与和接触

积极参加实践活动，能够增加员工对工作的了解，消除偏见，促进人与人之间的感情交流。感情的转变在员工态度改变过程中起到关键作用。

3. 运用群体规范

个人的态度与其所属的群体有密切的关系，无论是在态度的形成过程还是在态度的改变过程中，群体观念都起着重要作用。因此规范、制度、规章与说服教育相结合的方法，是态度改变的有效方法。

4. 角色转换

运用替换法，从正反两个方面来考虑和分析问题，有助于克服偏见和态度的极端性。

5. 宣传手段的正确运用

宣传是一种信息传递过程，宣传效果的好坏在员工态度转变过程中起着重要作用。在整个宣传过程中，信息发布者、传递过程、传递手段，以及信息接收者需要协调配合，这样才能取得良好的效果。

第二节　激励理论

一、激励概述

（一）行为与激励

在对激励进行研究前，我们首先需要了解行为产生的原因，只有了解人们表现出某种特定行为的原因，才能找到激励的入口和方法。

行为产生的原因是心理学家争论的焦点，目前主要有三种观点：

第一种是人的本能的观点。该观点认为人与其他动物没有什么差别，人类行为的原因在于人的本能。这种本能是遗传下来的，主要表现为自我保存的本能和性本能，只是这种本能不能像动物那样自由地表现出来，而是受到社会条件和道德观念的限制，并通过各种伪装形式表现出来。此种观点认为人的行为完全是由人的自然性质所决定的。

第二种是社会化的观点。该观点认为人的行为是社会环境将自己的特征投射到人体上的结果，因此人的行为完全是由外力推动的。例如，有人认为权力欲是推动人们行为的主要力量，也有人认为人们对金钱、地位或对权威的顺从是决定其行为的主要力量。总之，该观点认为人的行为完全是由社会性质所决定的。

第三种是相互作用的观点。该观点认为前面两种主张都是片面的，要么强调人的生物本能对个体行为的影响，要么强调社会环境对个体行为的影响。而实际上，人们的行为是环境与个体相互作用的结果。

大部分心理学家持第三种观点。根据这种观点，人的行为是由动机决定的，而动机是由需要支配的。当人产生需要且未得到满足时，就会引起人的欲望——想要满足这种需要，它促使人处在一种不安和紧张的状态之中，从而成为完成某件事的内在驱动力。心理学上把这种驱动力称为动机。当动机产生以后，人们就会寻找、选择能够满足需要的目标和途径，而一旦策略确定，就会进行满足需要的活动，产生一定的行为。

如果目标能够达到，则会感到满足，并使紧张的心理状态得到放松。但如果活动的结果未能使需要得到满足，人们就会采取新的行为，或重新努力，或降低目标要求，或变更目标从事其他的活动。如果活动的结果使作为活动原动力的需要得到满足，则人们往往会被自己的成功所鼓舞，新的需要随之出现，紧张情绪也接踵而来，从而使该过程重复出现。由此可见，需要是人类行为的基础，不同的需要在不同的条件下会诱发出不同的行为。

（二）激励的基本含义

1. 激励的概念

激励是领导工作的重要方面。在管理学中，激励是指激发、鼓励和调动人的热情和积极性。从诱因和强化的观点来看，激励是将外部适当的刺激转化为内部心理的动力，从而增强或减弱人的意志和行为。从心理学角度来看，激励是指人的动机系统被激发后所处的一种活跃状态其对行为具有强大的内驱力，促使人们为期望和目标而努力。

罗宾斯认为，激励是一种意愿，是个体为满足自身的某些需要，通过高水平的努力来实现组织目标的意愿。该定义包括了激励的三个关键因素，需要、努力和组织目标。沙托认为，激励是一种能够被感知的驱动力和紧张状态，促使人们为了完成目标而采取行动。琼斯指出，激励是一个基本的心理过程，它决定组织中个人行为方向、个人努力程度和个人在困难面前的毅力。

综上所述，激励是指激发人的内在动机，鼓励人朝着所期望的目标采取行动的过程。动机是人们行为产生的直接原因，它引起行为、维持行为并指引行为去满足某种需要。动机由需要产生，并受到满足个人需要能力的制约。因此，组织在实施激励时，需要通过一定的手段使员工的需要和愿望得到满足，从而激发员工的工作动机，调动他们的工作积极性，使其主动而自发地把个人潜能发挥出来并奉献给组织，最终确保组织实现既定的目标。

2. 激励的过程

激励过程是一个由需要开始到需要得到满足为止的连锁反应。人们有各种各样的生理需要、心理和社会需要，在一个组织中，组织成员的个人目标就是满足这些需要。因此，组织可以通过一系列针对满足员工需要的措施，如提高工资、提升工作保障、承认个体努力等来引导员工从事各种各样的工作。结合人的行为循环模式，我们可得到在组织中，动机驱使员工工作，员工并根据工作绩效得到各种奖励。当员工对这些奖励感到满意时，其会重复高效率的行为；当员工不满意时，他就会变得懒惰，不愿意继续付出努力。在组织中，激励的基本过程如图6-2所示。

优秀的领导者一般都有调动员工积极性的心愿。但员工的积极性不会因领导者的良好心愿而自动激发出来。领导者要想员工努力工作，就必须首先了解员工心里想些什么？需要什么？他们的工作动机是什么？在此基础上再有针对性地采取激励措施，这样才能取得预期的激励效果。

由此可见，激励的实质是以未满足的需要为基础，并利用各种目标激发产生动机，驱使和诱导行为，最终促使目标实现、需要满足的持续的心理过程和行为过程。

图 6-2　激励的过程

3. 激励的作用

激励作为一种内在的心理活动过程和状态，不具有可以观察的外部状态。但是，由于激励对人的行为具有驱动和导向作用，因此，可以通过人的行为表现及效果来对激励的程度加以推断和测定。人们的行为表现和行为效果在很大程度上取决于他们所受到的激励程度，激励程度越高，人们的行为就表现得越积极，行为效果也就越明显。

现代管理高度重视激励问题。一个管理者如果不懂得激励员工，那么他绝非是合格的管理者。激励在组织管理中的作用十分重要，一般包括以下四个方面：

（1）有利于激发和调动员工的积极性。激励的核心在于调动人的积极性。积极性是员工对工作任务产生的一种能动的、自觉的心理状态。这种状态可以促使员工的能力得到充分发挥，并产生积极主动的行为，如提高劳动效率、超额完成任务、良好的服务态度等。

（2）有利于将员工的个人目标导向实现组织目标的轨道。在现实中，个人目标与组织目标有时是一致的，有时是不一致的。当两者发生背离时，个人目标往往会干扰组织目标的实现。激励的功能就是以个人利益和个人需要的满足为前提，引导员工把个人目标统一于组织的整体目标中，提高其主人翁意识，激发和推动员工为实现组织目标做出贡献，从而促使个人目标与组织目标的共同实现，使成员的自觉性、主动性和创造性得到充分发挥。

（3）有助于增强组织的凝聚力。任何组织内部都有各种个体、工作群体及非正式群体的存在。为保证组织整体能够有效、协调地运转，除了良好的组织结构和严格的规章制度外，还需通过运用激励的方法来满足员工的多种心理需求，以协调人际关系，进而促进组织内部各组成部分的协调统一，增强组织的凝聚力和向心力。

（4）有助于挖掘人的潜力，提高人力资源质量。美国哈佛大学教授威廉·

詹姆士研究发现，在缺乏激励的环境中，人的潜力只能发挥出 20%~30%，如果受到充分的激励，他们的潜力可发挥 80%~90%。由此可见，激励是挖掘潜力的重要途径。

二、激励与管理的人性论基础

人既是管理的主体即管理者，又是管理的客体即管理对象。作为管理者，要想对下属实施正确的领导，就必须正确地认识和对待下属。所有管理者必须回答一个问题——人性的本质是什么？

对人性的研究是建立在一些假设基础上进行的，管理者正是根据这些假设来建立激励下属的行为方式。对组织中人性的不同假设，将直接影响到管理者的管理行为。关于人性假设的理论很多，归纳起来主要有四种，即"经济人"假设、"社会人"假设、"自我实现人"假设和"复杂人"假设。

（一）"经济人"假设

该假设认为人是以一种合乎理性的、精打细算的方式行事，人的行为受经济因素的推动和激发，而经济因素是受企业控制的，人在企业里处于被动的、受控制的地位。

美国行为学家道格拉斯·麦格雷戈（Douglas McGregor）于 1957 年在其《企业的人性面》一书中所提出的"X 理论"就是对"经济人"假设的概括，其基本观点为：①多数人十分懒惰，他们总想方设法地逃避工作。②多数人没有雄心大志，不愿承担任何责任，并心甘情愿受别人指导。③多数人的个人目标都是与组织目标相矛盾的，必须用强制、惩罚的方法，才能迫使他们为实现组织目标而工作。④多数人工作是为了满足基本需要，只有金钱和地位才能鼓励他们工作。⑤人大致可以划分为两类，多数人都是符合于上述设想的人，只有少数人是能够自己鼓励自己，能够克制感情冲动的人，这些人应担当管理的责任。

基于这种假设所引出的管理方式：组织应以经济报酬来使人们服从和做出绩效，并应以权力与控制体系来保护组织本身及引导员工，其管理的重点在于提高效率、完成任务。其管理特征是订立各种严格的工作规范，加强各种法规和管制。为了提高员工积极性则用金钱刺激，同时对消极怠工者严厉惩罚，即采取"胡萝卜加大棒"政策，泰罗制就是"经济人"观点的典型代表。

由此可见，基于"经济人"假设，激励的启示就是运用"胡萝卜加大棒"为主要的激励手段，即运用奖励和惩罚来激发员工产生领导者所要求的行为。但随着员工对更高层次需要的追求，"胡萝卜"已不能激发起员工的行为动机。"经济人"的观点虽然已经过时，但对我们的管理并非全无启发意义。至今某些管理者仍受这种观点的影响，认为只要提高员工薪酬，就能调动员工的工作积极性，但结果却并非如此。因此，了解"经济人"的假设，可以从反面提醒管理人员改正错误的管理方式和方法，正确地运用激励手段。

（二）"社会人"假设

"社会人"的人性假设是由梅奥通过霍桑试验提出来的。该假设认为，人是"社会人"，影响人的生产积极性的因素除了物质金钱外，还有社会和心理的因素，包括人们对归属、交往和友谊的追求。

"社会人"假设的基本内容：①从根本上讲，人是由社会需求而引起工作动机的，并且通过与同事的关系而获得认同感。②工业革命与工作合理化的结果，使工作本身失去了意义，因此只能从工作上的社会关系去寻求意义。③员工对同事的社会影响力要比管理者所给予的经济诱因及控制更为重要。④员工的工作效率随着管理者可以满足其社会需求的程度而改变。

此假设得出的管理方式与根据"经济人"的假设得出的管理方式完全不同。该假设强调除了应注意工作目标的完成外，更应注意从事此项工作的员工的要求。不应只注重指挥、监督等，而更应重视员工之间的关系，培养和形成员工的归属感和认同感。不应只注重对个人的奖励，更应提倡集体奖励制度。

与之对应的激励启示：领导者应该关心和体贴员工，重视员工之间的社会交往关系，通过培养和形成员工的归属感来调动员工的工作积极性，以此来提高生产效率。这种假设无疑比"经济人"假设前进了一步。但我们必须认识到，在不同制度下的社会中，人们的社会需求会有区别。因而要认识到这种假设虚伪性的一面，同时也要借鉴合理的部分。

（三）"自我实现人"假设

该假设认为人是自我激励、自我指导和自我控制的，要求提高和发展自己的能力并充分发挥个人的潜能。"自我实现人"是马斯洛提出来的，道格拉斯·麦格雷戈总结并归纳了马斯洛与其他类似的观点，相对于"X理论"，提出了"Y理论"，该理论的主要内容是：①工作于人而言可能是种享受，也可能是种惩罚，因此，人并非天生一定就不喜欢工作，而是要视环境而定。②没有人喜欢外来控制和惩罚，人们希望实行自我管理和自我控制。③人在解决组织难题的时候，大都充满活力、想象力和创造性。④在适当的条件下，一般人不仅不逃避责任，反而会谋求重任。⑤人和组织的目标在适当的情况下会融合为一，有自我实现需求的人往往以实现组织目标作为自己的最大报酬。

道格拉斯·麦格雷戈提出的"Y理论"要求管理者改变自己的管理方式和对员工的态度，应当相信人是可以信赖的，是能够自我管理的。组织应当创造环境条件，不断发掘员工的潜力，激励员工自觉发挥他们的积极性和创造性，在完成组织目标的同时也达到个人目标，实现个人目标与组织目标的统一。根据"Y理论"，管理者在实践中提出了很多的管理方法，如授权、工作内容扩大化和丰富化、目标管理等，这些措施都收到了一定的成效。

与之对应的激励启示：企业应当把人作为宝贵的资源来看待，通过提供具有挑战性的工作使员工的个性不断成熟并体验工作的内在激励。

（四）"复杂人"假设

约翰·莫尔斯和杰伊·洛希在1970年发表的《超Y理论》文章中对上述三种假设进行总结并提出了"复杂人"的假设。该假设认为，现实组织中存在着各种各样的人，不能把所有的人都简单化、一般化地归类为前述某一种假设之下，而应该看到不同的人以及同一个人在不同场合中会有不同的动机需要。因为人是复杂的，不仅因人而异，而且同一个人在不同的年龄和情境中也会有不同的表现。人会随着年龄、知识、地位、生活以及人与人关系的变化而出现不同的需要。"复杂人"的假设认为：①人的需要是多种多样的，而且这些需要随着人的发展和生活条件的变化而发生改变。每个人的需要都各不相同，需要的层次也因人而异。②人在同一时间内有各种需求和动机，它们会发生相互作用并结合成为统一的整体，形成错综复杂的动机模式。③人在组织中的工作和生活条件是不断变化的，因而会产生新的需要和动机。④一个人在不同的组织中或在同一个组织的不同部门中工作，会产生不同的需要。⑤由于人的需要不同、能力各异、对不同的管理方式会有不同的反应，因此没有适合于任何组织、任何时间、任何个人的统一的管理方式。

根据上述人性假设，管理者必须具体了解不同员工之间在需要和能力方面存在的差异，并按照不同员工的不同情况，采取相应的管理方式，这样才能取得预期的效果。管理方式必须灵活、富有弹性，保证管理方式同组织目标、工作性质和职工的个人条件相适应，以使每个员工都能获得胜任感。管理方式越是能达到这种适应，员工的胜任感就越强，工作效率也就越高。

与之对应的激励启示：管理者必须认识到人是千差万别的，因而激励的措施也应该是多样的，并应根据具体的成员灵活地采取合适的激励办法。由于"复杂人"的假设强调对人性的认识要根据具体情况具体分析，因此在实际工作中具有更强的实用价值。

三、激励理论

激励理论是关于激励的基本原理、规律、机制及方法的概括和总结，是激励在管理活动中赖以发挥功能的理论基础。激励理论根据研究对象的不同可以分为内容型激励理论、过程型激励理论和行为改造型激励理论。

（一）内容型激励理论

内容型激励理论集中研究的是什么激起人们行为这一问题。它着重对激励的原因和引起激励作用的因素进行探讨。也就是说，领导者在激励员工时，首先必须找出他们的需要是什么，然后再提供适当的刺激或诱因以激励员工努力工作。内容型激励理论的主要代表理论有需要层次理论、ERG 理论、成就激励理论和双因素理论。

1. 需要层次理论

这一理论是由美国社会心理学家亚伯拉罕·哈罗德·马斯洛（Abraham Harold Maslow）提出来的，也称为马斯洛需要层次理论。他认为，人的需要可以按其重要性和发生先后次序划分为生理需要、安全需要、社交需要、尊重需要、自我实现需要五种，这些需要从低级到高级逐步发展从而形成一个层次序列。只有较低层次的需要得到基本满足后，人们才能进入另一较高层次的需要，而已得到满足的需要就不再起激励作用。

（1）生理需要。这是人类维持自身生存的最基本要求。如果这些需要得不到满足，那么个体的生存就存在问题。从这个意义上讲，生理需要是推动人们行动的最强大动力。马斯洛认为，只有这些最基本的需要得到满足后，其他的需要才能成为新的激励因素，而到了此时，这些已相对满足的需要也就不再成为激励因素了。

（2）安全需要。这是人们要求保护自己免受身体伤害和情感伤害的需要。它又可以分为两类：一类是对现在安全的需要，另一类是对未来安全的需要。即一方面要求自己现在生活的各个方面均能有所保证，另一方面希望未来生活能有所保障。

（3）社交需要。这一需要包括友谊、爱情、归属及接纳方面的需要。人们希望在一种被接受的状态下工作，属于某一群体，而不希望在社会中成为离群的"孤鸟"。

（4）尊重需要。人人都希望自己有稳定的社会地位，要求个人的能力和成就得到社会的承认。尊重需要又可分为内部尊重需要和外部尊重需要。内部尊重因素包括自尊、自主和成就感；外部尊重因素包括地位、被认可和被关注或者说是受人尊重。马斯洛认为，尊重需要得到满足，能使人对自己充满信心，对社会满腔热情，体验到自己活着的用处和价值。

（5）自我实现需要。这是最高层次的需要，它是指实现个人理想、抱负，发挥个人能力到最大程度，是达到与自己能力相匹配的一切事情的需要。自我实现需要是努力挖掘自己的潜力，使自己成为自己所期望的人。

马斯洛还将这五种需要划分为高低两个层次，其中生理需要和安全需要都属于较低层次的需要，这些需要通过外部条件就可以得到满足；而社交需要、尊重需要与自我实现需要是较高层次的需要，它们只能通过内部因素才能得到满足。同一时期，一个人可能有几种不同的需要，但每一时期总有一种需要占支配地位，对行为起决定作用。任何一种需要都不会因为更高层次需要的发展而消失。各层次的需要相互依赖和重叠，高层次的需要发展后，低层次的需要仍然存在，只是对行为影响的程度大大减小。

只有在认识到需要的类型及其特征的基础上，企业的领导者才能根据不同员工的不同需要进行相应的有效激励。马斯洛的需要层次理论为企业激励员工提供了参照样本。

2. ERG 理论

与马斯洛需要层次理论相对应的是奥尔德弗（Clagfon Alderfer）提出的ERG 理论，他把人类的需要简化为三个范畴，即生存（Existence）需要、关系（Relatedness）需要和成长（Growth）需要。

在 ERG 理论中，生存需要指对某些物质实体或物质条件的需要，它包括对食物、住房、工资和安全工作条件的需要，类似于马斯洛需要层次理论中的生理需要和安全需要。关系需要是指通过与其他组织成员公开沟通、交换思想及情感得到满足的需要，这类似于马斯洛需要层次理论中的社交需要和尊重需要。成长需要是指个人自我发展和自我完善的需求，相当于马斯洛提出的自我实现需要。奥尔德弗认为，当较"具体的"需要得到满足时，人们则开始注意于抽象的需要。

ERG 理论和需要层次论之间有其不同之处。奥尔德弗认为，如果较高层次的需要得不到满足时，较低层次的需要就会增加，即当人无法得到较高层次的满足时，他就会转而追求较低层次的满足。ERG 理论的两个主要激励前提是：较低层次的需要越是得到满足，人们就越是希望满足较高层次的需要；较高层次的需要越是得不到满足，人们则越是希望满足较低层次的需要。在ERG 理论看来，三种需要类型能够同时作用。因此，即使需要没有得到彻底满足，具有刺激性和挑战性的工作也有可能在满足需要方面起到激励作用。同样，外在激励因素有时能够成为内在激励因素的替代品。

3. 成就激励理论

成就激励理论，又称"三种需要理论"，该理论由美国哈佛大学教授戴维·麦克利兰（David C. McClelland）通过对人的需求和动机进行研究，于 20 世纪50 年代在一系列文章中提出，他把人的高层次需求归纳为对成就、权力和归属的需求。

（1）成就需要。成就需要指争取成功、追求优越感，希望做得最好的需要。具有强烈成就需求的人渴望将事情做得更为完美，提高工作效率，获得更大的成功，他们追求的是在争取成功的过程中克服困难、解决难题、努力奋斗的乐趣，以及成功之后的个人成就感，他们并不看重成功所带来的物质奖励。

（2）权力需要。权力需要是指影响和控制别人的一种愿望或驱动力。不同人对权力的渴望程度也有所不同。权力需要较高的人对影响和控制别人表现出较大的兴趣，喜欢对别人"发号施令"，注重争取地位和影响力。这种人一般乐于追求得到领导的职位，他们往往是健谈者，其性格坚强，敢于发表意见，头脑冷静，并且他们喜欢教训别人和公开讲话。

（3）归属需要。归属需要就是寻求被他人喜爱和接纳的一种愿望，是建立友好亲密人际关系的需要。有高度归属需要的人通常从受到别人的喜爱中得到乐趣。作为个人，他们既能关心并维护融洽的社会关系，欣赏和理解亲密友好的乐趣，也能抚慰和帮助处境困难的人，并且乐意同别人友好交往。

麦克利兰的成就激励理论在企业管理中具有应用价值。首先，在人员的选拔和安置上，通过测量和评价人员动机体系的特征对于如何分派工作任务和安排职位具有重要意义。其次，了解员工的需求与动机有利于合理建立激励机制。最后，麦克利兰认为动机是可以训练和激发的，因此可以训练和提高员工的成就动机，以提高生产效率。

4. 双因素理论

这种激励理论也被称为"激励—保健理论"，是美国行为科学家弗雷德里克·赫茨伯格（Fredrick Herzberg）于20世纪50年代后期提出的。

这种理论基于对白领职员工作态度的问卷调查，研究了激励手段和激励效果之间的关系。该理论认为，引起人们工作满足的因素与工作不满的因素是截然不同的两类因素，分别称之为激励因素和保健因素。

（1）激励因素是指与员工满意情绪有关的因素。若激励因素处理得当，能够使员工产生满意情绪，如果激励因素处理不当，其不利效果是没有满意情绪，但不会导致不满情绪。激励因素主要包括工作表现机会和工作带来的成就感。

（2）保健因素是指与人们不满情绪有关的因素，如公司的政策、管理和监督、人际关系、工作条件等。若保健因素处理不当，会引发员工对工作的不满情绪，若保健因素处理得较好，可以预防或消除这种不满情绪。但这类因素并不能对员工起到激励作用，只能起到保持员工工作的积极性、维持工作现状的作用。所以保健因素又称为"维持因素"。

双因素激励理论的重要意义在于它把传统的"满意—不满意"的观点进行了拆解，认为满意和不满意并非共存于单一的连续体中，而是分开的，这种双重的连续体意味着一个人可以同时感到满意和不满意，它还暗示着工作条件和薪金等保健因素并不能影响人们对工作的满意程度，而只能影响人们对工作的不满意程度。

双因素理论对企业管理的启示：要调动和维持员工的积极性，首先要注重保健因素，以防止不满情绪的产生。但更为重要的是要利用激励因素去激发员工的工作热情，努力工作，创造奋发向上的局面，因为只有激励因素才会增加员工的工作满意感。

（二）过程型激励理论

内容型激励理论只看到诱发人行为的原因，但没有看到不同的人或同一个人在不同的时期对同样的激励措施会有不同的行为反应。为什么在需要相同的情况下还会产生这种行为上的差异？过程型激励理论就试图对此做出回答。

过程型激励理论着重研究的是动机的形成和对行为目标的选择。或者说它主要说明的是行为是怎样产生的，是怎样朝着一定方向发展的，如何使这种行为保持下去，以及怎样结束某种行为发生的整个过程。

过程型激励理论主要是期望理论和公平理论，它们揭示了对人的行为的激励实际上是一件很复杂的事情，并不像需要层次理论和双因素理论假设中的那么简单。

1. 期望理论

期望理论又叫预期理论，是美国心理学家维克托·弗鲁姆（Victor H. Vroom）1964 年在《工作与激励》一书中提出的一种激励理论。期望理论认为，只有当人们预期到某一行为能给个人带来具有吸引力的结果时，个人才会采取特定的行动。它对于组织通常出现的这样一种情况给予了解释，即面对同一种需要以及满足同一种需要的活动，为什么不同的组织成员会有不同的反应，有的组织成员情绪高昂，而有的组织成员却无动于衷。

弗鲁姆认为，人们采取某项行动的动机取决于其对行动结果的价值评价和对预期达成该结果可能性的估计。换言之，动机（Motivation）的大小取决于该行动结果的价值评价（Valence）和其对应的期望值（Expectancy）的乘积，即：

$$激发力量(M) = 目标效价(V) \times 期望值(E) \qquad (6-1)$$

其中，激励力量（M）是指调动个人积极性，激发人内部潜力的强度；目标效价（V）指达成目标后对于满足个人需要其价值的大小，它反映个人对某一成果或奖酬的重视与渴望程度；期望值（E）指根据以往的经验进行的主观判断，达成目标并能导致某种结果的概率，是个人对某一行为导致特定结果的可能性或概率的估计与判断。式（6-1）表明，激发力量的大小与目标效价、期望值有密切的关系，目标效价越高、期望值越大，则激发力量也就越大。反之亦然。如果其中一个变量为零（毫无意义或毫无可能），那么激发力量也就等于零。这就说明了为什么非常有吸引力的目标，也会无人问津。这是内容型

管理学基础

激励理论无法解释的。

式（6-1）实际上提出了在进行激励时要处理好三方面的关系，这些也是调动成员积极性的三个条件。首先，努力与绩效的关系。人们总是希望通过一定的努力达到预期目标，如果个人主观认为达到目标的概率较高，就会有信心，并激发出较强的工作力量，反之如果他认为目标太高，通过努力也不会有较好绩效时，就失去了内在的动力，故导致工作消极。其次，绩效与奖励的关系。人总是希望取得成绩后能够得到奖励，当然这个奖励也是综合的，既包括物质上的奖励，也包括精神上的奖励。如果成员认为取得绩效后能够得到合理的奖励，就可能产生工作热情，否则就可能缺乏积极性。最后，奖励与满足个人需要的关系。人总是希望自己所获得的奖励能够满足自己某方面的需要。然而由于人在年龄、性别、资历、社会地位和经济条件等方面均存在差异，所以各种需要对其的满足程度也均不同。因此，采用同一种奖励办法对不同成员能够达到的满足程度不同，能激发出的工作动力也就不同。

对期望理论的应用主要体现在激励方面，这启示管理者应当采用多数组织成员认为目标效价最大的激励措施，而且在设置某一激励目标时应尽可能加大其目标效价的综合值，加大组织期望行为与非期望行为之间的效价差值。在激励过程中，还要适当控制期望概率和实际概率，若期望概率过大，则容易产生挫折，若期望概率过小，则又会减少激励力量；实际概率应使大多数人受益，实际概率应大于平均的个人期望概率，并与目标效价相适应。

2. 公平理论

公平理论又称社会比较理论，该理论是由美国心理学家约翰·斯塔希·亚当斯（John Stacey Adams）于1956年提出的。该理论侧重于研究工资报酬分配的合理性、公平性及其对员工生产积极性的影响。

公平理论认为，员工的工作动机不仅受其所得报酬的绝对值影响，而且也会受到报酬的相对值的影响。因此，员工会进行种种比较来确定自己所获报酬是否合理，比较的结果将直接影响今后工作的积极性。

这种比较包括横向比较和纵向比较两种形式。横向比较是指个人把自己的报酬与贡献的比率同他人的比率做比较，以此衡量其得到的报酬是否公平。如果比率相等，则认为公平合理而感到满意，从而心情舒畅地努力工作；否则就会感到不公平不合理进而影响工作情绪，并采取一些行动来消除或减少差异。例如，其员工可能对他每月2000元的薪金感到满意，可一旦发现与他做相似工作的同事却比自己多得200元的报酬之后，他就会感到不公平，从而可能导致该员工工作积极性下降。纵向比较是指个人会把目前自己的报酬与贡献的比率与自己过去的比率作比较，只有相等时才认为公平。

为避免职工产生不公平的感觉，企业往往会采取各种手段来营造公平合理的氛围，使职工产生一种主观上的公平感。如有些公司在发放工资奖金时采取保密的"发红包"方式或禁止员工互相讨论工资待遇，使职工相互不了解彼此的收入水平，以避免职工在相互比较中产生不公平感，但这是一种比较消极的对策。积极的对策应是，领导者应对客观上确定存在的差别予以公开，同时向员工解释清楚差别的原因和领导者有意拉开差别的意图，从而使员工对这种差别感到心悦诚服，以此引导更多的员工朝着领导所希望的方向付出更多的努力。

公平理论对企业管理具有重要的启示。首先，影响激励效果的不仅有报酬的绝对值，还有报酬的相对值。其次，激励时应力求公平，使各员工报酬与贡献比率在客观上大致相等，尽管有主观判断的误差，但也不会造成严重的不公平感。再次，在激励过程中应注意对被激励者公平心理的引导，使其树立正确的公平观，其一是要认识到绝对的公平是不存在的，其二是不要盲目攀比，要多看到自己的不足。最后，在绩效评估时，要平衡兼顾结果和过程。

（三）行为改造型激励理论

在管理活动中，不管采取什么样的措施，其根本目的都是使被管理者在生产、工作中增强其积极的建设性行为，减少消极的破坏性行为。行为改造型激励理论把个人看成"黑箱"，试图避免涉及人的复杂心理过程而只讨论人的行为，研究某一种行为及其结果对以后行为的影响，即研究如何巩固和发展人的积极行为，如何改造和转变人的消极行为，变消极行为为积极行为的系统理论，其主要包括强化理论、挫折理论等。

1. 强化理论

强化理论是由美国哈佛大学心理学教授斯金纳（Burrhus Frederic Skinner）提出的。强化是心理学术语，是指通过不断改变环境的刺激因素来达到增强、减弱或消失某种行为的过程。该理论认为人的行为是其所受刺激的函数。如果这种刺激对某人有利，则这种行为就会重复出现；若对某人不利，则这种行为就会减弱直至消失。因此管理要采取各种强化方式，以使人们的行为符合组织的目标。

强化理论认为强化方式可以分为四种：

（1）正强化。在行为发生以后，立即用某种具有吸引力的结果，即物质鼓励或精神鼓励来肯定这种行为，在这种刺激的作用下，个体感到该行为对其有利，从而增强以后该行为发生的频率，这就是正强化。通常正强化的因素有奖酬、职位晋升和给予进修机会等，这些措施会使成员努力表现出所希望的行为，如按时上下班，按要求保质、保量完成任务等。

（2）惩罚。当某一不合要求的行为发生以后，即以某种带有强制性和威胁性的结果，如批评、降薪、降职、罚款、开除等来创造一种令人不愉快乃至痛苦的环境，或者取消现有的令人愉快和令人满意的条件，以表示对这种不合要求行为的否定，从而达到减少消极行为或消除消极行为的目的。

（3）负强化。这种强化方式是指预先告知某种不符要求的行为可能引起的后果，允许成员通过按所要求的方式行事或避免不符合要求的行为，来回避惩罚。如果成员能按所要求的方式行事时，即可减少或消除这种惩罚。如上班迟到会被扣工资，于是员工都会努力按时上班以避免该惩罚。负强化能增加出现积极行为的可能性，它与正强化的目的是一致的，但两者采用的手段不同。

（4）自然消退。这种方式是指撤销对原来可以接受行为的正强化，即对这种行为不予理睬，以表示对该行为的轻视或某种程度的否定。如开会时，若管理者不希望员工提出无关的或具有干扰性的问题，则可以采取冷处理方式来消除这种行为，即当员工举手发言时，无视他们的此行为，那么举手发言这一行为必然因得不到强化而自行消失。研究表明，一种行为长期得不到正强化便会逐渐消失。

对于管理者来说，强化理论的意义在于用改变环境（包括改变目标和完成工作任务后的奖惩措施）的办法来保持和发挥积极行为，减少或消除消极行为，把消极行为转化为积极行为。在运用强化理论改造员工的行为时，应遵循的原则是：

第一，因人而异采取不同的强化模式。员工的年龄、性别、职业和文化不同，需要就会不同，强化方式也应不一样。所以要依照强化对象的不同需要采用不同的强化措施。

第二，小步子前进，分阶段设立目标，并对目标予以明确规定和表述。对员工的激励，首先要设立一个明确、鼓舞人心而又切实可行的目标，只有目标明确而具体时，才能进行衡量和采取适当的强化措施。同时，还要将目标进行分解，分成许多小目标，在员工完成每个小目标后都及时给予强化，这样不仅有利于目标的实现，而且也会通过不断地激励增强员工的信心。如果目标定得太高，会使员工感到不易实现或者说能够实现的希望渺茫，这就很难充分调动员工工作的积极性。

第三，及时反馈、及时强化。所谓及时反馈就是通过某种形式和途径，及时将工作结果告诉行动者。无论结果好与坏，对行为都具有强化的作用，好的结果能鼓舞信心、继续努力，坏的结果能促使其分析原因、及时纠正错误。

第四，奖惩结合、以奖为主。正强化能使员工产生积极的情绪，而且一种行为如果长期得不到正强化，就会逐渐消退。因此，在强化手段的运用上，应以正强化为主。当然，在必要时也要对消极的行为给以惩罚，做到奖惩结合。

2. 挫折理论

挫折理论是由美国的亚当斯提出的，挫折是指人类个体在从事有目的的活动过程中，指向目标的行为受到障碍或干扰，致使其动机不能实现，需要无法满足时所产生的情绪状态。挫折理论主要揭示人的动机行为受阻而未能满足需要时的心理状态，并由此而导致的行为表现，力求采取措施将消极性行为转化为积极性、建设性行为。

个体受到挫折与其动机实现密切相关。当人的动机导向目标时，受到阻碍或干扰可有四种情况：

（1）虽然受到干扰，但主观条件和客观条件仍可使其达到目标。

（2）受到干扰后只能部分达到目标或使达到目标的效益变差。

（3）由于两种并存的动机发生冲突，暂时放弃一种动机，而优先满足另一种动机，即修正目标。

（4）由于主观因素和客观条件的影响较大，动机的结局完全受阻，个体无法达到目标。

在第四种情况下人的挫折感最大，在第二种情况和第三种情况下的挫折感次之。挫折是一种普遍存在的心理现象，在人类现实生活中，不但个体动机及其动机结构复杂，而且影响动机行为满足的因素也极其复杂，因此，挫折的产生是不以人的主观意志为转移的。

引起挫折的原因既有主观的，也有客观的。主观原因主要是个人因素，如身体素质不佳、个人能力有限、认识事物存在偏差、性格缺陷、个人动机冲突等；客观原因主要是社会因素，如企业组织管理方式引起的冲突、人际关系不协调、工作条件不完善、工作安排不当等。人是否受到挫折与许多随机因素有关，也因人而异。归根结底，挫折的形成是由于人的认知与外界刺激因素相互作用失调所导致的。

对于同样的挫折情境，不同的人会有不同的感受。引起某一个人挫折的情境，不一定就是引起其他人挫折的情境。挫折的感受因人而异的原因主要是由于人对挫折的容忍力不同。所谓挫折容忍力，是指人受到挫折时免于行为失常的能力，也就是经得起挫折的能力，它在一定程度上反映了人对环境的适应能力。对于同一个人来说，对不同的挫折，其容忍力也不相同，如有的人能容忍生活上的挫折，却不能容忍工作中的挫折，有的人则恰恰相反。挫折容忍力与人的生理、社会经验、目标期望以及个性特征等有关。例如，企业中有的员工眼高手低，其挫折容忍力一般较低；企业员工的价值观不同，追求实现目标的标准不同，即使客观上挫折情境相似，每个人对挫折的感受也会不同，因此所受的打击程度也就不同。

挫折对人的影响具有两面性：一方面，挫折可增加个体的心理承受能力，使人吸取教训，改变目标或策略，从逆境中重新奋起；另一方面，挫折也可使人们处于不良的心理状态之中，出现负面情绪，并采取消极的防卫方式来应对挫折，从而导致不安、焦虑、愤怒、攻击、幻想、偏执等的行为。在企业管理中，有的员工由于工作中的某些失误，受到领导批评，因其挫折容忍力小，可能就会产生不满情绪，甚至采取攻击性行动，在攻击无效时，又可能暂时压抑愤怒情绪，对工作采取冷漠的态度。

在企业活动中，员工受到挫折后，所产生的不良情绪状态及伴随的消极性行为，不仅对员工的身心健康不利，而且也会影响企业的正常运转，甚至易于导致事故的发生。因此，管理者应该重视员工的挫折问题，采取措施防止挫折心理给员工本人和企业正常运转带来的不利影响。对此，可以采取的措施包括：①帮助员工以积极的行为适应挫折，例如合理调整行动目标。②改变受挫折员工对挫折情境的认识和估价，以减轻挫折感。③通过培训提高员工工作能力和技术水平，增加个人目标实现的可能性，减少挫折的主观因素。④改变或消除易于引起员工挫折的工作环境，如改进工作中的人际关系、实行民主管理、合理安排工作岗位、改善劳动条件等，以减少挫折的客观因素。⑤开展心理保健和咨询，消除或减弱挫折心理压力。

四、激励的方法

管理者必须要懂得如何激励员工，如何去发掘员工的潜能和热情，以适当的激励方法来调动员工的积极性，实现企业的管理，维持企业的向心力和凝聚力，实现企业的最终目标。因此，在现实中，管理人员往往急于寻求有效的激励方法。结合上述的各种激励理论，归纳出以下四种常用的激励方法。

（一）物质激励

物质激励往往基于经济人假设，是指运用物质手段使受激励的个人得到物质上的满足，从而进一步调动其积极性、主动性和创造性。物质激励有资金激励、奖品激励等，通过满足要求，激发其努力生产、工作的动机。物质激励的出发点是关心群众的切身利益。最常见的物质激励有以下四种形式：

（1）基本收入激励。它是员工生活费用的基本来源，其中工资是最主要的部分。利用工资作为激励的方式有两种：第一，用工资来反映员工的贡献大小、业务水平高低，鼓励员工努力工作来取得相应的报酬。第二，改革工资制度，用工资晋级择优原则、浮动工资等作为激励手段。晋升工资的激励方法一般用于表现好、工作成绩突出的员工。

（2）奖金激励。奖金是针对某一件值得奖励的事情给予的奖赏。它具有较强的针对性与灵活性。由于员工的价值观、素质和需要不同，实行奖金激励要认真研究，如果运用不当，不仅加大了奖励成本，也会挫伤其他员工的积极性。

（3）福利激励。福利是指企业在保障员工基本正常生活的同时，在工资、奖金之外向员工及其家属提供的货币、实物和各种服务。在职工福利设施、社会保险、公费医疗等未实现社会化的当前和将来相当长的时期内，一些大型的福利项目如住房、保险、培训、带薪休假、奖励旅游等，仍然作为激励的手段被企业界广泛采用。

（4）其他物质激励。对有创造发明、重大贡献或在一定期间成绩突出的员工，除前述物质奖励手段外，还可给予大笔奖金或较高价值的实物奖励。

（二）精神激励

精神激励往往基于社会人假设，是通过满足员工精神方面的需要，如情感、尊重、成就感、自我实现的需要，在较高的层次上调动员工的积极性。精神激励与物质激励往往密不可分，目前企业常用的精神激励方法主要有：

（1）目标激励。目标激励就是通过树立起工作目标来调动员工的积极性。在大多数情况下，人们都希望工作具有挑战性，能在工作中充分发挥自己的能力，从而体会自我价值的实现感和成就感。在管理工作中，如果管理者对每一位员工都能树立起具有号召力的目标，则有助于员工提高其工作的积极性。

（2）情感激励。情感是影响人们行为最直接的因素之一，任何人都有渴望各种情感的需求。这就要求领导者要多关心员工生活，关心员工的精神生活和心理健康，提高员工的情绪控制能力和心理调节能力，努力营造一种相互信任、相互关心、相互体谅、相互支持、互敬互爱、团结融洽的氛围。

（3）榜样激励。榜样的力量是无穷的，发挥榜样的激励作用，能使绝大多数员工有努力的方向和赶超的目标，从榜样成功的案例中得到激励，并推动各项工作的开展。

（4）领导行为激励。运用企业领导者在某些方面的有意行为来激发员工的方法就是领导行为激励法。由于企业领导者处于特殊地位，其一言一行自然就会成为众人关注的焦点。一个好的领导行为能给员工带来信心和力量，激励下属，使其向目标前进。有关研究表明，一个人在报酬引诱及社会压力下工作，其能力仅能发挥60%，其余的40%则依赖于领导者去激发。

（5）荣誉激励。从人的基本心理特征来看，人人都希望得到别人的尊重，都有着光荣感和自豪感。荣誉激励就是通过给予表现优秀的员工奖状、口头夸赞、表扬等方式，使员工获得心理上的满足，并以此激发其工作积极性和对企业和工作的责任感与义务感。除此之外，还能激励那些未获荣誉称号的员工奋发进取，争取获得其他员工的尊敬。

（三）员工参与管理

所谓员工参与管理，是指让员工不同程度地参与组织决策及各级管理工作的研究和讨论。这样使员工以平等的地位商讨组织中的重大问题，会增强管理者与员工之间的信任，从而让员工体验到自己的利益与组织发展密切相关并产生强烈的责任感。此外，管理者与下属商讨组织问题时，会给下属以成就感和被尊重感。员工因为能够参与商讨与自己有关的问题而受到激励。员工参与管理既对个人产生激励，又为组织目标的实现提供了保证。

员工参与管理有多种形式，最主要的四种形式是分享决策权、代表参与、质量圈和员工股份所有制方案。

（1）分享决策权，是指下级在很大程度上分享其直接监管者的决策权。管理者与下级分享决策权的原因是，当工作变得越来越复杂时，他们常常无法全面了解员工的工作内容，所以选择最了解工作的员工来参与决策。分享决策权增强了员工之间的信任，也促使员工与其他部门的成员共同商议组织事项。

（2）代表参与，是指员工不是直接参与决策，而是一部分员工代表进行参与决策。代表参与的目的是在组织内重新分配权力。代表参与常用的两种形式是工作委员会和董事会代表。工作委员会把员工和管理层联系起来，任命或选举出一些员工，当管理部门做出重大决策时必须与之商讨。董事会代表是指进入董事会并代表员工利益的员工代表。

（3）质量圈，是由一组员工和监管者组成的共同承担责任的工作群体。他们定期会面，通常一周一次，讨论技术问题及问题的原因，并提出解决问题的建议。因员工并不一定具有分析和解决质量问题的能力，因此，质量圈还包含了为参与的员工进行质量测定与分析等方面的培训。

（4）员工股份所有制方案，是指员工拥有所在公司一定数额的股份，一方面使员工将自己的利益与公司的利益联系在一起；另一方面使员工在心理上体验做主人翁的感受。员工股份所有制方案能够提高员工工作的满意度。员工除了拥有公司的股份，还需要定期被告知公司经营状况并拥有对公司的经营施加影响的机会。

当然，鼓励下属参与管理并不意味着管理者可以放弃自己的职责。相反，管理者必须在民主管理的基础上，努力履行自己的职责，需要由决策的事情，管理者必须决策。因此，参与管理并非适用于任何情况。在要求迅速做出决策的情况下，领导者还是应该有适当的权力集中。除此之外，参与管理要求员工具有解决管理问题的技能，这对于员工来说是具有挑战性的。

（四）工作丰富化

工作丰富化是指在工作中赋予员工更多的责任、自主权和控制权。工作丰富化使工作具有挑战性且富有意义，是一种有效的激励方法，不仅适用于管理工作，也适用于非管理工作。工作丰富化和赫茨伯格的双因素理论有密切的关系。在这一理论中，诸如挑战性的工作、成就、赏识和工作责任等都视为真正的激励因素。

工作丰富化不同于工作内容的扩大。工作内容的扩大是试图用扩大工作内容来消除因重复操作而带来的单调乏味感。工作内容的扩大是横向地给员工增加类似的工作内容，并没有提高员工的责任感。工作丰富化是垂直地增加工作内容，试图使工作具有更高的挑战性和成就感，它通过赋予多样化的内容使工作丰富起来。工作丰富化的具体做法：①在工作方法、工作程序和工作速度的选择等方面给予成员以更大的自由。②鼓励成员参与管理，鼓励成员之间相互交往。③提高员工对自己工作的责任感。④采取措施以确保员工能够看到自己为工作和组织所做的贡献。⑤把工作完成的情况反馈给员工。⑥在改善工作环境和工作条件等方面，让员工参与并让他们提出自己的意见。

这一方法也有许多的局限性，对其效果尚未有一致的评价。但此方法提示，激励要靠内在因素，同样不能脱离环境条件。因此，采用这一方法应是"随机制宜"的。

第三节 领导理论

一、领导的概述

（一）领导的概念

"领导"一词通常有两种含义：①作为名词，是指领导人或领导者，即组织中确定和实现组织目标的首领。②作为动词，是指一项管理工作、管理职能，通过该职能的行使，领导者能促成被领导者努力实现既定的组织目标。两者结合，即领导者进行领导活动，率领着一群人去达到目标。

领导作为管理的四大职能之一，是对组织内每个成员（个体）和全体成员（群体）的行为进行引导和施加影响的活动过程，其目的在于使个体和群体能够自觉自愿并有信心地为实现组织的既定目标而努力。因此，管理学意义上的领导是指：在一定的社会组织和群体内，为实现组织预定目标，领导者运用其法定权力和自身影响力影响被领导者的行为，并将其导向组织目标的过程。由此可以看出，领导的本质是一种影响力，即领导者通过其影响力来影响被领导者的行为以实现组织目标。

（二）领导与管理

领导是管理的一个职能，组织中的领导行为属于管理活动的范畴。领导和管理都是在组织内部通过影响他人活动，实现组织目标的过程。因此，领导和管理有着密切的关系，但它们又是相互区别的。

从本质上讲，管理是建立在合法的、有报酬的和强制性权力基础上的对下属的行为进行指挥的过程，而领导则是可能建立在合法的、有报酬的和强制性的权力基础上，也可能更多的是建立在个人影响力、专长以及模范作用的基础上来影响下属行为的过程。此外，领导职能只是管理职能的一个组成部分。因此，管理的范围较大，领导的范围相对较小。

显然，领导者不一定是管理者，但管理者在理想情况下应该是领导者。两者的区别在于，管理者是被任命的，他们有权力进行奖励和处罚，其影响力来自于他们所在的职位赋予的正式权力。而领导者可以是任命的，也可以是从一个群体中产生出来的，领导者可以运用正式权力来影响员工的活动，也可以运用个人魅力、专长及模范作用来影响员工的活动。

（三）领导的作用

领导是任何组织都不可或缺的职能，贯穿管理活动的全过程。领导者在影响员工为实现目标而努力的过程中需要发挥指挥、协调和激励的作用。

1. 指挥作用

在组织活动中，需要有头脑清醒、胸怀全局，能高瞻远瞩、运筹帷幄的领导者帮助组织成员认清所处的环境和形势，指明活动的目标和实现目标的路径。领导者只有站在成员的前面，用自己的行动带领成员为实现企业的目标而努力，这样才能真正起到指挥作用。

2. 协调作用

在许多人协同工作的集体活动中，即使有了明确的目标，但因各人的才能、理解能力、工作态度、进取精神、性格、作风、地位等不同，以及外部各种因素的干扰，成员之间在思想上发生各种分歧，行动上偏离目标的情况是不可避免的。因此，需要领导者来协调组织成员之间的关系，把大家团结起来，朝着共同的目标前进。

3. 激励作用

组织成员并不单纯地只对组织目标产生兴趣，他们也有自己的目标。领导工作就是要把组织成员的精力引向组织目标，并使他们都热情地、满怀信心地为实现组织目标做出贡献。但是，组织中的成员不一定都能以持续的热情与信心去工作。当他们在学习、工作和生活中遇到困难、挫折时，或某种物质的、精神的需要得不到满足时，就会影响员工的工作热情。因此，对许多人来说，需要有通情达理、关心员工的领导者来为他们排忧解难，在实现组织目标的同时，尽可能满足他们合理的需求，从而使其保持工作的积极性。

二、领导的权力及来源

权力，是指一个人影响另一个人的能力。领导工作是指领导者运用其拥有的权力，以一定的方式对他人施加影响的过程。权力是领导者对他人施加影响的基础。领导者的权力主要来自职位权力和个人权力两个方面。

（一）职位权力

职位权力是依据领导者在组织中所处的职位，由上级和组织赋予，并由制度明文规定，属于正式的权力。这样的权力随职务变动而变动。一般而言，组织授予管理者的职位权力包括法定权、奖赏权和惩罚权。

1. 法定权

法定权指组织内各领导职位所固有的合法的、正式的权力。这种权力可以通过领导者利用职权向下属人员发布命令、下达指示来直接体现，有时也可借助于组织内的政策、程序和规则等得到间接体现。因此，拥有法定权的个人凭借与其职位、岗位相当的要求或主张来施加其影响，其权力主要来自正式或官方明确规定的赋予。

2. 奖赏权

奖赏权指提供奖金、加薪、升职、赞扬、理想的工作安排和其他任何令人愉悦的东西的权力。奖赏权由法定权引申而来，通过控制对方所重视的资源而对其施加影响，其权力主要来自下级追求满足的欲望。

3. 惩罚权

与奖赏权相反，惩罚权是指通过负面处罚或剥夺积极事项来影响他人的权力。惩罚权也是由法定权引申而来，它是利用员工对惩罚的恐惧来控制其行为，其权力主要来自下级的恐惧感。

（二）个人权力

个人权力不是由于领导者在组织中的位置，而是由于其自身的某些特殊条件才具有的。这种权力不随职位的消失而消失，而且对成员的影响是发自内心的、长远的，它包括模范权和专长权。

1. 模范权

模范权也被称为个人影响权，是与个人的品质、魅力、经历、背景等相关的权力。它来自下级对上级的信任，即下级相信领导者具有其所需要的智慧和品质，具有共同的愿望和利益，从而对领导者产生敬佩之感。

2. 专长权

专长权指由个人的特殊技能或某些专业知识而产生的权力。专长权是知识的权力，它来自下级的尊敬，即下级认为领导者的专业知识、技能和专长能够帮助他，为其指明方向、排除障碍，并达到组织目标和个人目标。

三、领导理论的发展

领导理论是研究领导本质及其行为规律的科学，是研究领导行为有效性的理论。领导理论最早在西方国家形成，其研究主要经历了领导特质理论、领导行为理论和领导权变理论三个阶段。

（一）领导特质理论

自 20 世纪开始到 20 世纪 30 年代，大多数研究者均把领导者的个人特质作为研究的重点，由此产生了领导特质理论。领导特质理论是 20 世纪对领导现象进行系统化研究的最初尝试，也是最古老的领导理论观点，其研究侧重于领导者性格、素质等方面的特征，研究集中在身体特征、个性特征、才智特征方面，实质上是对管理者素质进行的早期研究。领导的特质理论按其对领导特质来源所作的不同解释，可分为传统领导特质理论和现代领导特质理论。

1. 传统领导特质理论

传统领导特质理论认为，领导特质是天生的。美国管理学家吉赛利提出了八种个性特征和五种激励特征。心理学家吉伯认为天才领导者应该具有七种特质，即善于言辞、外表英俊、高超智力、充满自信、心理健康、支配趋向、外向敏感。后来，斯托格迪尔等认为领导者的特质应包括 16 种特质。

2. 现代领导特质理论

现代特质理论认为领导者确实具有某些共同的特质，但领导者的特质并非全是与生俱来的，而是可以在实践中形成，也可以通过教育训练和培养的方式予以造就。现代领导特质理论主要有美国鲍莫尔的十项条件论、日本企业界提出的十项品德和十项能力等，具体内容如表 6-1 所示。

表 6-1　十项条件、十项品德和十项能力

十项条件		十项品德		十项能力	
1. 合作精神	6. 勇于负责	1. 使命感	6. 公平	1. 判断能力	6. 劝说能力
2. 决策能力	7. 勇于求新	2. 责任感	7. 热情	2. 创造能力	7. 对人理解能力
3. 组织能力	8. 敢担风险	3. 依赖性	8. 勇气	3. 思维能力	8. 解决问题能力
4. 精于授权	9. 尊重他人	4. 积极性	9. 忠诚老实	4. 规划能力	9. 培养下级能力
5. 善于应变	10. 品德超人	5. 进取心	10. 忍耐性	5. 洞察能力	10. 调动积极性能力

（二）领导行为理论

20 世纪 40 年代到 60 年代，由于仅凭领导特质理论无法有效地训练和发展领导者，在"二战"后，对领导特质的研究陷入了盲目的境地，所以以后对领导者行为风格的研究就由此应运而生，产生了领导行为理论。这一阶段的研究从领导者的风格和领导作用入手，把领导者的行为划分为不同的领导类型，分析其行为特点，并对优缺点进行比较。领导行为理论实质是从研究领导者应具备的素质、特性，转向研究领导者的领导方式、领导作用和领导方法。

1. 勒温理论

关于领导作风的研究最早是由心理学家勒温（Kart Lewin）进行的，他通过实验研究领导者不同的工作作风对下属群体行为的影响，认为存在着三种领导工作作风，即专制式领导作风、民主式领导作风和放任式领导作风。

专制式领导作风是指以力服人，即靠权力和强制命令让下属服从的领导作风，它把权力定位于领导者个人手中。民主式领导作风是指那些以理服人，以身作则的领导作风，它把权力定位于成员上。放任式领导作风是指工作事先无布置，事后无检查，权力完全给予个人的领导作风。勒温通过实验发现，放任式的领导作风工作效率最低，只达到了社交目标，但无法完成工作目标。专制式领导作风虽然通过严格管理达到了工作目标，但群体成员没有责任感、情绪消极、争吵较多。民主式领导作风工作效率最高，不但完成了工作目标，而且成员之间关系融洽，其成员的工作积极性及创造性较高。

2. 四分图理论

1945 年美国俄亥俄州立大学的领导行为研究者们将领导行为的内容归纳为两大类，即"关怀"和"定规"两个维度。关怀维度代表领导者信任和尊重下属的观念程度。定规维度代表为了达到组织目标，领导者界定和构造自己与下属角色的倾向程度。

根据其研究，用"关怀"和"定规"两个维度可以将领导行为划分为四种类型，如图 6-3 所示。该项研究发现，在两个维度方面皆高的领导者，一般更能使下属达到高绩效和高满意度。不过"高—高"型风格并不总是产生积极效果，而其他三种组合类型的领导者行为，普遍与较多的缺勤、事故、抱怨以及离职相关。

3. 管理方格图理论

在四分图基础上，美国得克萨斯大学的罗伯特·布莱克（Robert R. Blake）和简·莫顿（Jane S. Mouton）提出的管理方格图理论，该理论用"关心人"和"关心生产"两种因素的不同程度组合来表示领导者的行为，并把这两种因素用二维坐标表示，在两个维度坐标轴上分别划分出 9 个等级，从而生成 81 个方格，形成如图 6-4 所示的管理方格图。

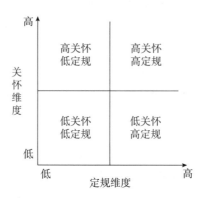

图 6-3　领导行为四分图理论

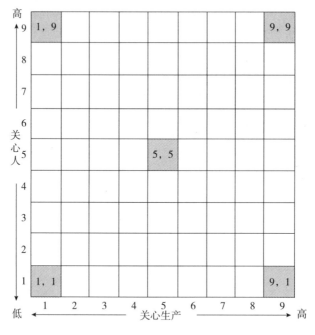

图 6-4　管理方格图理论

管理方格图中每个方格代表一种对"生产"和"人"关心的不同程度的组合所形成的领导行为。尽管存在 81 种类型，但罗伯特·布莱克和简·莫顿主要阐述了五种最具有代表性的类型：

（1）（1，1）型方式，称为贫乏的管理。这种方式用最少的努力来完成任务和维持人际关系，对生产和职工均不关心，实质上是放弃了领导职责，无疑会导致企业的失败。

（2）（1，9）型方式，称为乡村俱乐部式的管理。这种方式对员工特别关心，导致和谐的组织气氛，但很少甚至不关心生产。因为这种领导者认为只要员工心情愉快，生产自然会好。但这种管理形式较脆弱，一旦人际关系受到影响，生产效率便会随之下降。

（3）（9，1）型方式，称为专制的任务型管理。这种方式只注重任务的完成，很少甚至不关心人。这种领导者希望将个人因素的干扰减少到最低程度，以求得生产的高效率，但这种专制的领导方式可能造成员工情绪低落。

（4）（9，9）型方式，称为团队式管理。这种方式对人和生产的关心都达到了最高水平。在这种方式下，职工关系协调，企业目标与职工利益紧密结合。

（5）（5，5）型方式，中间式管理。这种方式对人和生产都有适度的关心，使必须完成的工作与维持令人满意的人际关系保持平衡，以实现充分的业绩。这种领导方式追求平衡，但不追求卓越，从长远看，可能导致企业落伍。

（三）领导权变理论

20世纪70年代至今，针对前两种理论未把情境因素考虑在内的不足，领导权变理论开始得到发展。这个理论所关注的是领导者与被领导者的行为和环境的相互影响，认为某一具体领导方式并不是到处都适用，领导的行为若想有效，就必须随着被领导者的特点和环境的变化而变化，而不是一成不变的。一种领导行为效果的好与坏，不仅取决于领导者本人的素质和能力，而且还取决于许多客观因素。因此，领导者的有效行为要随着自身条件、被领导者的情况和环境的变化而变化，其实质是对领导理论的一种动态研究。

领导不是单方面的领导者行为，而是领导者和被领导者之间在特定情境下发生相互作用关系的过程。有效的领导行为应当随着被领导者的特点和环境的变化而变化。

1. 菲德勒权变理论

菲德勒（F. Fiedler）的领导权变理论也称随机制宜理论，是比较有代表性的一种权变理论。该理论认为各种领导方式都可能在一定环境内有效，这种环境是多种外部因素与内部因素的综合作用体。菲德勒认为对领导效果起重要影响作用的环境因素是由职位权力、任务结构和上下级关系三方面所构成的。

（1）职位权力。所谓职位权力是指领导者所处职位具有的权威与权力的大小，或者说领导的法定权、强制权、奖励权的大小。权力越大，群体成员遵从指导的程度就越高，领导的环境也就越好；反之，则越差。

（2）任务结构。任务结构是指任务的明确程度和职员对这些任务的负责程度。如果这些任务越明确，而且职员责任心越强，则领导环境就越好；反之，则越差。

（3）上下级关系。上下级关系是指下属乐于追随领导者的程度。如果下级对上级越尊重，并且乐于追随，则上下级关系越好，领导环境也就越好；反之，则越差。

以上三种因素都分好坏两种情况，由此可组合成 8 种工作环境，依其对领导工作的有利程度又可划分为有利、不利和中间三种状态。三种因素齐备的是最有利的领导环境，三种因素都缺乏的是最不利的领导环境。领导者所采取的领导方式应该与环境类型相适应，这样才能获得有效的领导。菲德勒对 1200 个团体进行了调查分析，得出在最不利和最有利的两种情况下，采取任务型的领导方式效果较好，而在某些条件不具备的中间状态的环境中时，则采取关系型的领导方式效果最佳，如图 6-5 所示。

上下级关系	好				差			
任务结构	明确		不明确		明确		不明确	
职位权力	强	弱	强	弱	强	弱	强	弱
情境类别	1	2	3	4	5	6	7	8
情境特征	有利				中间状态			不利
有效的领导方式	任务型				关系型		不明确	任务型

图 6-5　菲德勒模型

根据菲德勒模型，提高领导有效性的途径有二：其一是改变领导方式以适应环境；其二是改变环境因素以适应领导方式。菲德勒指出，有效的领导者应该是具有适应能力的人，能够根据不同的环境采取不同的领导方式。同时，他还提出了改变环境的建议，如通过改变下属人员组合来改善领导与下属的关系等。

2."不成熟—成熟"理论

"不成熟—成熟"理论由美国哈佛大学著名学者克里斯·阿吉里斯（Chris Argyris）提出，其目的在于探索领导方式对个人行为和下属在环境中成长的影响。该理论认为组织行为是由个人和正式组织融合而成，组织中的个人作为一个健康的有机体，无可避免地要经历从不成熟到成熟的成长过程。在这个成长过程中主要有七个方面的变化，如表 6-2 所示。

表 6-2　"不成熟—成熟"过程发展

不成熟	成熟
被动性	主动性
依赖性	独立性
办起事来方法少	办起事来方法多
兴趣浅薄	兴趣浓厚
目光短浅	目光远大
附属地位	平等或优越地位
缺乏自知之明	有自知之明能自我控制

由此可见，在成长的过程中，个体的自我世界扩大了，这样一个连续发展的过程也是一个从被动到主动，从依赖到独立，从缺乏自觉自制到自觉自制的过程。阿吉里斯认为，拙劣的管理阻碍人走向成熟，良好的管理促进人走向成熟。如何解决个体成长和组织原则之间的矛盾是管理者长期面对的挑战，领导者的任务之一就是努力减少这种不协调。阿吉里斯还发现，领导方式会影响人的成熟过程。要想促进人从不成熟逐渐成熟，领导者应当对不同成熟程度的成员进行不同的分类指导与领导。

3. 情境领导理论

另一个被广泛推崇的领导权变理论是保罗·赫塞（Paul Hersey）和肯尼思·布兰查德（Kenneth Blanchard）提出的情境理论。这是一个重视下属的领导权变理论。该理论认为，领导的成功取决于下属的成熟程度以及由此而确定的领导风格。所谓成熟程度，是指个体对自己的直接行为负责任的能力和意愿，可以分为不成熟、稍成熟、较成熟和成熟四个阶段。

赫塞和布兰查德把领导行为划分为工作行为和关系行为两大类。工作行为是指领导用单向沟通的方式，指示下属在何时、何地、用什么方法去完成什么任务，此时下属是被动的。关系行为是指领导用双向沟通的方式指导下属工作，并注意倾听下属意见，体察下属情绪，关怀下属生活，此时下属是能动的。这两种领导行为的不同组合形成了四种领导方式，即命令式领导方式、说服式领导方式、参与式领导方式、授权式领导方式，同时引入成熟度作为第三坐标，就构成了领导情景模型，如图 6-6 所示。

情景领导理论认为，随着下属成熟度的提高，领导者可不断减少对其下属活动的控制，不断减少关系行为。当下属成熟度为不成熟（M1）时，领导者需要给予明确具体的指导，采用命令式领导方式；当下属成熟度为稍成熟（M2）时，领导者既要给下属一定的指导，又要注意保护和鼓励下属的工作积极性，采用说服式领导方式；当下属成熟度为较成熟（M3）时，领导者需要让下属共同参与决策，领导者主要是给予支持和帮助，采用参与式领导方式；当下属成熟度为成熟（M4）时，由于下属既有意愿又有能力完成任务，因此，领导者采用授权式领导方式。

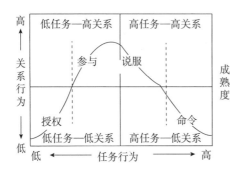

	成熟	较成熟	稍成熟	不成熟
	M4	M3	M2	M1
	有能力	有能力	没能力	没能力
	有意愿	没意愿	有意愿	没意愿
	并自信	或不安	自信	并不安

图 6-6　领导情景模型

4. 途径—目标理论

途径—目标理论是罗伯特·豪斯（Robert House）发展的一种领导权变理论。他认为，有效领导者的工作是帮助下属达到他们的目标，并提供必要的指导和支持，以确保各自的目标与群体或组织的总体目标一致。因此，对于一个领导者来说，没有什么固定不变的最佳领导行为，而是要根据不同的环境选用适当的领导方式。

该理论中的领导方式可分为指导型、支持型、参与型和成就取向型。指导型的领导方式适合于不清晰的工作或领导没有经验的下属；但对于具有广泛经验和清晰的工作，例如会计工作，指导型的领导行为只会令下属反感。当工作环境不好，下属感到灰心的时候，支持型的领导行为最为合适，这样的领导方式可以重新建立下属的信心。参与型的领导行为最适合于领导有内在控制能力的下属，由于他们认为自己具有影响力，因此这些员工特别喜欢参与决策。成就取向型的领导行为适用于复杂的工作，因为这种行为可以通过加强下属完成工作的信心来使他们更加努力地工作，从而改善工作表现。

 本章小结

把握人的行为特征与规律是理解领导理论的基础。行为理论的基本内容包括人格、知觉、态度与个体行为。激励是管理过程中不可或缺的环节和活动，

它能使人的潜力得到最大限度的发挥。有效的激励可以成为组织发展的动力保证，实现组织目标。因此，对组织的管理者来说，领导所面临的最大挑战就是如何激励员工实现高水平的绩效。激励理论以人性论为基础，包括内容型激励理论、过程型激励理论和行为改造型激励理论。

领导是管理的一个职能，组织中的领导行为属于管理活动的范畴。领导和管理都是在组织内部通过影响他人并实现组织目标的过程。因此，领导和管理有着密切的关系但又有所区别。管理学意义上的领导指在一定的社会组织和群体内，为实现组织预定目标，领导者运用其法定权力和自身影响力影响被领导者的行为，并将其导向组织目标的过程。领导的本质是一种影响力，其作用体现于指挥、协调和激励三个方面。领导理论是研究领导本质及其行为规律的科学，是研究领导行为有效性的理论。领导理论最早在西方国家形成，其研究主要经历了领导特质理论、领导行为理论和领导权变理论三个阶段。

 复习思考题

（1）解释"大五"人格特质、情绪智力、归因、内容型激励理论、过程型激励理论、行为改造型激励理论

（2）管理和领导有何联系与区别？

（3）领导的权力有哪些？与之对应的权力来源是什么？

（4）有关领导理论经历了哪几个阶段？每个阶段的代表性理论有哪些？

第七章　控　制

管理格言

质量等于利润。——汤姆·彼得斯

学习目标

·理解控制的含义。
·了解控制的特征。
·掌握控制的类型。
·掌握控制的过程。

应对危机　调整战略

2018 年某房地产公司建造的房屋发生了几起安全事故，针对安全事故，该房地产公司认识到了问题的所在，一方面主动控制速度，另一方面则希望通过新一轮管控升级来保障安全和质量。

据悉，目前该房地产公司已发文成立安全生产委员会，同时，要求区域、项目建立健全安全生产组织架构。2018 年 8 月初，公司高层管理者亲自部署了"五个进一步"提升管理，并基于"五个进一步"继续推出延伸管理措施：向合作单位做好交底，明确责任和处罚机制；实施"穿透式管理"，项目总经理每周至少一次工地大巡查；严控原材料，抽样送检，消除隐患；严管机械设备，持证上岗；关心农民工；明确责任和处罚机制，严肃处理责任单位和责任人。

有业内人士称："某房地产公司的这次安全质量管控升级，不仅是针对施工层面，更是一个整体的改造。其中既包括对质量管控体系的优化，也包括调整考核指标，弱化对速度的要求，进而强调了对质量的考核，并加强了对施工团队的管理。"

第一节　控制的基础

一、控制概述与控制职能作用

（一）控制的概念

所谓控制，是指对组织各方面的活动给予监控，使组织实际运行状况与组织计划要求保持动态适应的工作过程。这项工作由管理人员来完成，并作为一项管理职能来开展，通常称之为"管理控制"。

控制与计划存在紧密的联系，是同一事物的两个方面。一方面，明确的目标和计划是组织开展控制工作的前提。另一方面，有效的控制是实现计划和组织目标的基本保证。计划越是明确、全面和完整，控制的效果也就越好；控制工作越是科学、有效，计划也就越容易得到实施。

控制的含义包括以下四点：

（1）控制是组织的最重要活动。在管理工作中，控制与管理的其他职能如计划、组织、领导是密不可分的，是各个管理层次和部门的主要职能。

（2）控制是一个检验计划执行成效和计划正确性的过程。控制的结果可能有两种：一是纠正实际工作与原有计划和标准之间的偏差，即狭义的控制——纠偏。二是纠正组织已经确定的目标及计划与变化了的内外环境的偏差，修改计划标准，甚至重新制订计划，以使计划更加适合于实际情况，即广义的控制——修订。

（3）控制过程包含三个步骤：拟定标准，衡量成效，纠正偏差。

（4）控制的目的是为了保证组织目标的实现。

（二）控制职能的作用

1. 保证组织活动协调一致地运作

现代组织的规模有日益扩大的趋势，组织的各种活动日趋复杂化，要使组织内众多部门和人员能够在分工的基础上协调一致地工作，完善的计划是必备的基础，但计划的实施还要以控制为保证手段。

2. 避免和减少管理失误造成的损失

组织所处环境的不确定性，以及组织活动的复杂性，导致管理失误不可避免。控制工作通过对管理全过程的检查和监督，可以及时发现组织中的问题，并采取纠偏措施，以避免或减少工作中的损失，为执行和完成计划起到必要的保障作用。

3. 减轻环境的不确定性对组织活动的影响

现代组织所面对的环境具有复杂多变的特点，再完善的计划也难以将未来出现的变化考虑得十分周全。为了保证组织目标的实现和计划的顺利实施，就必须部署控制工作，以有效地控制和降低环境的各种变化对组织活动的影响。控制是贯穿管理全过程的一项重要职能。现代组织规模庞大、人员众多、工作复杂，要使组织的各项活动达到协调一致，管理者就必须凭借控制手段监督管理的全过程。

二、控制的基本前提和必要性

（一）控制的基本前提

控制是指监督各项活动，以保证它们按计划进行并纠正各种重要偏差的过程。任何形式的控制都需要一定的前提，前提条件越充分，对控制过程的影响越大。有效控制必须具备以下前提条件：

（1）必须具有科学合理、切实可行的计划。控制是以计划为前提的，计划的正确性是控制工作取得成效的基本前提，如果没有科学合理的计划，那么控制工作做得越好就越会给组织带来损失。

（2）必须有专门控制职能的组织机构。一个组织若没有专门的控制机构，而由各部门自行监督、自行管理、自行控制，就难以防止出现各部门出于切身利益或本位主义的考虑而弄虚作假等人为因素造成的无序状况，或者忙于贯彻指令而无暇顾及调查研究、分析评价，以至于难以反映真实情况。因此，控制机构相应的规章制度越健全，控制工作就越能取得预期的效果。

（3）必须有畅通的信息反馈渠道。控制工作中的一个重要环节就是要将计划执行情况及时反馈给管理者。信息反馈的速度与准确性直接影响指令的正确性与纠正偏差措施的及时性。因此，必须设计好信息反馈渠道，明确与控制工作有关的人员在信息传递过程中的任务和职责，事先规定好信息的传递程序、收集方法和实践要求等。

（二）控制的必要性

由管理人员作为一项重要的管理职能开展的控制工作，通常称为"管理控制"，以与物理、机械、生物及其他领域的控制相区别。在现代管理活动中，管理控制的必要性主要有两点。

（1）限制偏差的累积。一般来讲，工作中出现偏差是不可避免的。虽然小的偏差和失误不会立即给组织带来严重的损害，但在组织运行一段时间后，随着这些小差错的积少成多和积累放大，最终就可能威胁到计划目标的实现，甚至造成灾难性的后果。因此管理控制应当及时地获取偏差信息，及时采取有效的矫正措施，防止误差累积影响组织目标的实现。

（2）适应环境的变化。如果管理者能够在建立目标后立即将其实现，那么就不需要控制了。事实上，组织计划和目标制定出来后总要经过一段时间的实施才能够实现。在这段时间中，组织内部条件和外部环境均可能发生变化。这些变化的内外环境不仅会妨碍计划的实现，甚至可能影响计划本身的科学性和现实性。因此，任何组织都需要构建有效的控制系统，帮助管理人员预测和把握这些变化，并对上述因素带来的机会和威胁做出有力和正确的反应。无论是着眼于"纠偏"还是"适应"环境变化，管理控制都是紧紧围绕组织目标进行的，具有明确的目的性特征。换言之，管理控制并不是管理者主观任意的行为，它总是受一定的目标指引，服务于组织目标的需要。在组织的动态发展中，目标既是控制活动的起点和依据，也是控制过程循环发展的终点，目标贯穿于整个管理控制过程的始终。管理控制的意义在于通过"纠偏"和"适应"，保证组织根本目标的实现。

三、有效控制的基本特征

（一）准确性和客观性

一个控制系统如不能提供准确的信息，就会导致管理者在应该采取行动的时候而没有采取行动；或者在根本没有出现问题的时候而采取行动，最终导致控制失效。另外，在管理中难免会有许多主观因素，管理者不能只凭借个人的主观经验或直觉进行判断，而应该采取科学的方法，要尊重客观事实。

（二）目标性

紧紧围绕组织的根本目标是管理控制的前提。控制工作的意义就体现在，它通过发挥"纠偏"和"适应"两方面的功能，促使组织更有效地实现其根本目标。

（三）整体性

首先，从开展控制工作的主体看，完成计划和实现组织目标是组织全体成员共同的责任，因此管理控制不仅是管理人员的职责，也是组织全体成员的共同职责。让全体成员共同参与管理控制工作，也有利于增进全体成员对控制工作的理解，更有效地开展管理控制工作。其次，从控制的对象来看，管理控制覆盖组织活动的各个方面，人、财、物、时间、信息等资源，各层次、各部门的工作，以及企业生产经营的各个不同阶段等，都是管理控制的对象。最后，管理控制需要把整个组织的活动作为一个整体来看待，使各方面的控制协调一致，以达到整体的优化。

（四）动态性

管理控制不同于一般的机械、物理控制。后者是一种高度程序化的控制，具有稳定性特征，组织则不是静态的，其外部环境和内部条件随时都会发生变化，这从而决定了控制对象、控制标准和控制方法不可能固定不变。管理控制应具有动态特征，这样才能够保证和提高控制工作的灵活性和有效性。

（五）人性

组织中的管理控制是由具体的人执行的，本质上是对人的行为的一种控制。与物理、机械、生物及其他方面的控制不同，管理控制不可忽视其中的人性因素。

（六）标准的合理性与多重性

对控制标准的制定是富有挑战性的，是经过努力才可以达到合理的标准。标准过高或过低都不会起到激励作用。另外，控制应采取多重标准，多重标准比单一标准更难把握，可以防止工作中出现做表面文章的现象，多重标准能够更准确地衡量实际工作。

（七）重点与例外相结合

控制要突出重点，在控制过程中不可能面面俱到，要找出最能反映体现成果的关键因素控制；有些偏差无关紧要，有些偏差却意义重大。另外，控制工作要着重于计划实施中的例外情况，这样可使管理者集中精力解决问题，将其工作集中在需要注意和应该注意的问题上。在对例外的重视程度上，不仅依大小而定，而且还要考虑实际情况，同时例外与重点要结合起来，即控制要注意关键点上的例外情况。

四、控制的类型

按照控制信息的性质、控制的手段、控制的集中程度、控制活动的性质和控制的内容等，可以把控制分为不同的类型。下面重点介绍前三种分类方法下的控制类型。

（一）按照控制信息的性质划分

按照信息的性质，控制可以分为反馈控制、现场控制和前馈控制三种类型。

1. 反馈控制

反馈控制是指主管人员分析以前工作的执行结果，将它与控制标准相比较，发现偏差及其原因，拟订纠正措施并指导现在和将来。控制的目的是防止已经发生或即将出现的偏差继续发展或今后再度发生。反馈控制是用过去的情况来指导现在和将来，是管理控制工作的主要方式，也是最常用的控制类型。

反馈控制的优点是它为管理者提供了关于计划执行效果的真实信息。如果反馈显示标准与现实之间只存在较小的偏差，这就说明计划的目的达到了；如果偏差较大，管理者就应该利用这一信息及时采取纠正措施。反馈控制还可以提高员工的积极性，因为员工希望获得评价他们绩效的信息，反馈则为员工提供了这样的信息。

反馈控制具有"时滞"的缺点。从发现偏差到采取更正措施，可能有时间延迟现象，在进行更正的时候，实际情况可能已经有了较大变化，而且损失已经造成。因此，反馈控制类似于亡羊补牢。

2. 现场控制

现场控制是指对正在进行的管理活动给予指导与监督，以保证管理活动按预定的程序和方法进行的一种控制。现场控制能及时发现偏差、纠正偏差，使损失控制在最低限度。

基层管理者常采用现场控制的方法，做到偏差即时发现、即时了解、即时解决。现场控制主要包括：向下级批示适当的工作方法和工作过程；监督下级工作以保证计划目标的实现；在发现不符合标准的偏差时，立即采取措施纠正。

现场控制的关键就是做到控制的及时性。它必须依赖于信息的及时获得、多种控制方案的事前储备，以及事发后管理者的镇静和果断。这也显示出现场控制的难度。在计划的实施过程中，大量的管理控制工作，尤其是基层的管理控制工作都属于这种类型，因此，它是控制工作的基础。一个管理者的管理水平和领导能力的高低常常会通过这种工作表现出来。在现场控制中，要避免单凭主观意志进行控制工作。控制工作的内容应该和被控制对象的工作特点相适应。而且，控制工作的效果往往取决于管理者的个人素质、个人作风、指导的方式方法以及下属对这些指导的理解程度。

3. 前馈控制

前馈控制是指在执行计划之前预先规定计划执行过程中应遵守的规则和规范等，规定每一项工作的标准，并建立偏差显示系统，使成员在工作之前就已经知道该怎么去做。

（二）按照控制的手段划分

按照所采用的手段，控制可以划分为直接控制和间接控制两种类型。

1. 直接控制

直接控制是指着眼于提高管理者的能力和素质，使他们能够熟练地运用管理理论与技术，不断完善和改进管理工作，防止因管理不善而出现不良后果的控制活动。直接控制有以下优点：

（1）由于直接控制注重对管理人员的遴选、培训和考核，使分派任务时有较大的准确性，并使管理者有较高的素质，较少犯错误，具有较强的管理能力，从而提高控制的效率。

（2）可充分发挥管理者的主观能动性，使管理者主动确定他们应具有的职责，提高自我管理能力。

（3）直接控制可以获得较好的心理效果，高素质的管理者，其威信自然也高，下级会更好地听从指挥和领导，有利于目标的实现。

（4）能适应快速的环境变化。

2. 间接控制

间接控制是通过建立控制系统对被控制对象进行控制，这种控制方法往往是预先制定计划和标准，通过对比和考核实际结果，追查造成偏差的原因和责任，并进行纠正。

间接控制是基于人们会犯错这一事实，重点在于对管理者的管理活动的结果进行监督和调整，对于因管理人员缺乏知识经验和判断能力造成的工作偏差，可以通过间接控制来进行纠正；同时还可以帮助管理人员总结经验和教训，提高管理水平。因此，间接控制对比较规范化和程序化的工作较为有效。

间接控制也存在一些局限性。首先，间接控制是在出现偏差、造成损失之后才采取措施，因此其代价较大。其次，间接控制有很多假设，如工作绩效是可以计量的、成员对工作具有责任感、追查偏差原因所需要的时间是有保证的等，这些在实际工作中有时是不能成立的。因此，间接控制不是普遍有效的控制方法。

（三）按照控制的集中程度划分

按集中程度与否，控制可以分为集中控制和分散控制。

1. 集中控制

集中控制是指在组织中建立一个相对稳定的控制中心，由控制中心对组织内外的各种信息进行统一的加工处理，发现问题并提出问题的解决方案。在集中控制中，信息处理、偏差检测、纠偏措施等都是由该控制中心统一完成的。

集中控制最大的优点就是能够保证组织的整体一致性。但是，集中控制容易造成下层管理人员缺乏积极性，出现官僚主义，甚至导致组织反应迟钝。

2. 分散控制

分散控制是指管理系统分为不同的相对独立的子系统，每一个子系统独立地实施内部直接控制。分散控制对整个组织集中处理信息的要求相对较低且容易实现。分散控制的优点是反馈环节少，整个组织系统反应快、时滞短、控制效率高，有利于调动子系统的积极性。在分散控制中，由于各个子系统独立控制，即使个别子系统出现严重失误，也不会导致整个系统出现混乱。其缺点是容易形成本位主义，造成管理失控。

第二节　控制的过程

控制的对象一般都是针对人员、财务、作业、信息及组织的总体绩效。无论哪种控制，都必须根据计划的要求，确定衡量绩效的标准，把工作的结果与预定的标准相比较，找出偏差，有针对性地采取必要的纠正措施。因此，基本的控制过程包括三个步骤：一是确定标准；二是衡量绩效；三是纠正偏差。

一、确定控制标准

标准是检查和衡量工作及其结果的规范。控制标准是指计量实际或预期工作成果的尺度，是从整个计划方案中选出的对工作绩效进行评价的关键指标，是控制工作的依据和基础。确定控制标准是控制过程的第一步，要控制就要有标准，离开了可比较的标准，就无法实施控制。若没有一套完整的标准，衡量绩效和纠正偏差就失去了客观依据。

（一）控制标准的分类与要求

1. 定量控制标准与定性控制标准

定量控制标准指可以用数字量化的标准。例如营销部门全年应完成的销售额。定性控制标准难以定量化的标准。例如企业的发展方向。

2. 实物标准与价值（财务）标准

实物标准是一种非货币化的标准。例如企业全年的产量。价值（财务）标准是用货币度量的标准，具体又分为费用标准、资金标准和收入标准。

3. 绝对量标准与相对量标准

绝对量标准是反映事物发展总量方面的标准，如企业销售收入。相对量标准则是两个相关事物其绝对量标准的比值，如销售成本率。在管理控制中，管理者需要根据管理控制的需要，制订与采用必要的控制标准。在制订与采用管理控制标准时，要达到以下要求：

（1）简明适用。保证标准明确、不含糊，对标准的量值、单位、可允许的偏差范围等要明确说明，对标准的表述要通俗易懂，便于成员理解和接受。

（2）综合协调。管理控制工作覆盖组织活动的各个方面，制订出来的各项控制标准不可相互冲突，应该彼此协调一致。

（3）可行且易操作。标准的确定要客观，不能过高，也不能过低，要使绝大多数人通过努力均可以达到。因为建立标准的目的在于用它来衡量实际工作，并希望工作的结果达到标准的要求。因此，控制标准的建立必须考虑到工作人员的实际情况。如果标准过高，工作人员将会因无法实现标准而放弃努力；如果标准过低，工作人员的潜力便得不到充分发挥，从而降低工作效果。

（4）相对稳定。标准要具有一定的稳定性，即使标准有弹性，也是在一定的范围内浮动。否则，标准经常变化，会使标准缺乏权威性。但这种稳定性不是绝对的，控制标准也要随组织活动的发展进行必要的调整。在一般情况下，随着组织的发展和组织效率的提高，控制标准也应不断提高。

（5）前瞻性。建立的标准既要符合现时的需求，又要考虑到将来的发展对控制指标的要求。

（二）制订控制标准的步骤

1. 确定控制对象

标准的具体内容涉及需要控制的对象。那么，企业在经营与管理中哪些事物需要加以控制呢？经营活动的成果是需要控制的重点对象。控制工作的最终动机就是要促进企业有效地取得预期成果。

要保证企业取得预期的成果，必须在成果最终形成之前进行控制，纠正与预期成果的要求不相符的活动。因此，需要分析影响企业经营成果的各种因素，并把它们列为需要控制的对象。影响企业在一定时期中经营成果的主要因素有：

（1）环境因素。企业在特定时期内的经营活动是根据决策者对经营环境的认识和预测来计划和安排的。如果预期的市场环境没有出现，或者企业外部发生了某种无法预料的变化，那么原来的计划就可能无法继续进行，从而难以达到组织的预期结果。因此，在制订计划时所依据的经营环境因素就应作为控制对象，须列出各项环境控制的具体标准。

（2）资源投入。企业经营成果是通过对一定资源的加工转化所得到的。投入的资源会在数量和质量上影响经营活动的进行，从而影响企业的盈利水平。因此，必须对资源投入进行控制，使之在数量、质量以及价格等方面符合预期经营成果的要求。

（3）组织活动。企业经营成果是通过全体员工运用一定技术和设备对不同资源进行加工才最终得到的。企业员工的工作质量和数量是决定经营成果的重要因素，因此必须使企业员工的活动符合计划和预期结果的要求。要建立员工工作规范，以及各部门和各员工在各个时期成果的标准，以便对其活动进行控制。

2. 选择关键控制点

所谓关键控制点就是对计划目标实现具有重大影响的关键点，它们可能是不利因素，也可能是有利因素。关键控制点有以下三个：

（1）影响整个工作运行过程的重要操作与事项。

（2）能在重大损失出现之前显示出差异的事项。

（3）若干能反映组织主要绩效水平的时间和空间分布均衡的控制点。

然而，由于不同企业和不同部门的特殊性，有待衡量的产品与服务的种类繁多，以及有待执行的计划方案也较多，因此不存在可供所有管理人员都实用的专门控制表。美国通用电气公司在分析影响和反映企业经营绩效众多因素的基础上，建立了相应的控制标准。例如，获利能力、市场定位、生产率、产品领先地位、人员发展、员工态度、公共责任、短期目标与长期目标的平衡性八个方面的标准。另外，管理人员在实行控制时，必须使控制行为和控制标准与其个人需要相一致。

3. 制订控制标准

确定了建立标准的范围之后，就应根据具体情况，选择恰当的方法制订标准。制订控制标准常用的方法有以下三种：

（1）统计分析法。统计分析法是根据企业的历史数据资料以及同类企业的水平，运用统计学方法来确定企业经营各方面工作的标准。这样订立出的标准，是以历史统计数据为基础的。统计分析法的优点是简便易行；缺点是对历史统计数据的完整性和准确性要求较高，系统波动不能太大，否则制订的标准没有任何意义。

（2）经验估计法。经验估法是根据管理人员和工作人员的实际工作经验，并参考有关技术文件或实物，评估计划期内条件的变化等因素来制订标准的方法。经验估计法适用于缺乏技术资料、统计资料的情况。其优点是简单易行，工作量小，但受主观因素影响较大，所以准确性差。

（3）工程标准法。工程标准法是指对工作情况进行客观的分析，并以准确的技术参数和实测的数据为基础，通过科学计算确定标准的方法。工程标准法是以精确的技术参数和实测数据为基础，又称为时间研究和动作研究。通过两者研究制订生产定额，可为基层管理人员更恰当地安排工作，更合理地评估员工绩效，以及预先估计所需的人工和费用，建立了客观的标准。

二、衡量绩效

标准的制订根本上是为了保证组织目标的实现。标准直接地被用于衡量实际业绩，即把实际工作成效与标准进行比较，找出实际业绩与控制标准之间的差异，并据此对实际工作做出评估。

（一）对照与衡量

标准是衡量绩效的工具。如果错误地选择了标准，将会导致严重的不良后果。控制标准具有通用性和特殊性的特点。有些控制标准是在任何管理环境中均可采用，如营业额或出勤率。但是，任何内容广泛的控制系统都必须承认管理者之间的多样性，因此控制的标准也各有不同。例如，一个制造业工厂的经理可以用每日的产量、单位产品所消耗的工时等指标进行衡量；销售经理可用市场占有率、每笔合同的销售额等指标来进行衡量。如果有了适当的标准以及准确测量下属工作绩效的手段，那么对实际或预期的工作进行评价也就相对容易。但是，有些工作和活动的结果是难以用数量标准来衡量的。例如，对大批量生产的产品制订工时标准和质量标准是简单的，但对顾客订制的单件产品进行评价就比较困难；对管理人员的工作评价要比对普通员工的工作评价要困难得多。因此，不能由于标准难以量化而放松或放弃对其进行衡量。有时可以把这些工作分解成能够用目标去衡量的活动，或者采用一些定性标准。

（二）企业衡量中常见的陷阱

1. 经验主义：重历史轻未来

经验管理的基础是历史信息，它展示的是今天的结果，这样的结果往往是昨天的管理决策所造成的。但是，经验管理法对于今天的决策如何影响未来的结果往往不具备参考和预测价值。

2. 范围错位：重内部轻外部

很多企业设计的绩效指标往往仅满足内部的需要。这种绩效衡量方法忽略了客户的需求。产品与服务提供者需要从外部对客户进行衡量，这要求企业首先明确客户需要的是什么，其次考虑如何向客户提供产品和服务，最后落实到具体的产品生产和服务提供的人员上。

3. 改进对象：重个人轻结构

在许多组织中，团队成员抵触对各种比率、循环周期和客户满意度的精确衡量方法，因为这些详细的指标将他们的工作暴露无遗，使之成为绩效责任的直接承担者。大量的证据表明，企业85%~90%的错误来源于组织结构、系统和过程，但是大多数的经理还是习惯于从成员身上而非结构和流程上找问题。

4. 知行不一：重衡量轻行动

绩效衡量仅是一个指标汇报体系，不管衡量体系有多么先进，衡量结果只能告诉企业绩效的现状。绩效的提高依赖于将相关人员组织起来对关键流程和支持系统进行分析和改进。绩效指标为企业找出了问题所在，企业应针对这些问题采取改进措施。绩效衡量是提高企业绩效的基本工具，选择合适的工具是重要的，正确使用工具则同样重要，两者共同决定了企业绩效管理的最终效果。

三、纠正偏差

利用科学的方法、依据客观的标准，对工作绩效进行衡量，可以发现计划执行中出现的偏差。纠正偏差就是在此基础上分析偏差产生的原因，制定并实施必要的纠正措施。这项工作使得控制过程得以完整，并将控制与管理的其他职能相互联结；通过纠偏，使组织计划得以遵循，使组织结构和人事安排得到调整。为了保证纠偏措施的针对性和有效性，必须在制定和实施纠偏措施的过程中注意下述问题。

（一）找出偏差产生的主要原因

并非所有的偏差都能影响企业的最终成果。有些偏差可能反映了计划制定和执行工作中的严重问题，而另一些偏差则可能是一些偶然性因素、暂时性因素、区域性因素引起的，从而不一定会对组织活动的最终结果产生重要影响。因此，在采取任何纠正措施以前，必须对反映偏差的信息进行评估和分析。首先，要判断偏差的严重程度，这些偏差是否足以对组织活动效率构成威胁；其次，要研究导致偏差产生的主要原因。

纠正措施的制定是以偏差原因的分析为依据的。而同一偏差则可能由不同的原因造成。例如，销售利润的下降既可能是因为销售量的降低，也可能是因为生产成本的提高。不同的原因要求采取不同的纠正措施。因此，要透过表面现象找出造成偏差的深层次原因，在众多的深层次原因中找出最主要原因，为纠偏措施的制定指导方向。

（二）确定纠偏措施的实施对象

需要纠正的可能是企业的实际活动，也可能是组织这些活动的计划或衡量这些活动的标准。例如大部分员工没有完成劳动定额，可能不是由于全体员工的低效率，而是定额水平定得过高；企业产品销售量的下降，可能并不是由于质量下降或价格不合理，而是由于市场需求的饱和或周期性的经济萧条。

在这些情况下，需要改变的是衡量这些工作的标准或指导工作的计划。计划或标准的调整是由两种原因决定的：一是原先的计划或标准制定不科学，在执行中发现了问题；二是原来正确的标准和计划由于客观环境发生了变化，导致原先计划和标准不再适应新形势的需要。负有控制责任的管理者应该认识到，在外界环境发生变化以后，如果不对预先制定的计划和行动准则及时进行调整，那么，即使内部活动组织得非常完善，企业也不可能实现预定目标。如果消费者的需求偏好转移，即使企业的产品质量再高、功能再完善、价格再低，仍然不可能得到消费者的偏爱，因此不会给企业带来期望利润。

（三）选择恰当的纠偏措施

针对产生偏差的主要原因，需要制定相应的纠正方案。在纠偏措施的选择和实施过程中需要注意：

（1）使纠偏方案双重优化。纠正偏差不仅在实施对象上可以进行选择，而且对同一对象的纠偏也可采取多种不同的措施。这些措施的实施效果要优于不采取任何行动时的效果，如果采取行动的费用大于偏差带来的损失，则最好的方案也许是不采取任何行动，这是纠偏方案选择过程中的第一重优化。第二重优化是在此基础上，通过对各种经济可行方案的比较，找出追加投入最少、解决偏差效果最好的方案。

（2）充分考虑原先计划的实施影响。由于对客观环境认识能力的提高，或者由于客观环境本身发生了重要变化而引起的纠偏需要，导致对企业原先计划进行修改和调整，这种调整有时被称为"追踪决策"，即在初始决策的基础上对组织方向、内容或方式的重新调整。

（3）注意消除成员对纠偏措施的疑虑。任何纠偏措施都会在不同程度上引起组织结构、关系和活动的调整，从而会牵扯某些组织成员的利益，所以不同的组织成员会对纠偏措施持有不同态度。因此，管理者要充分考虑到组织成员对纠偏措施的不同态度，特别要注意消除成员的疑虑，争取更多人的理解、赞同和支持，以保证避免在纠偏方案的实施过程中出现人为障碍。

第三节　控制的方法

在管理实践中，根据控制对象的不同，控制方法可以划分为多种，常见的控制方法有四类，即预算控制、生产控制、财务控制、审计控制。

一、预算控制

预算就是用数字编制未来某一个时期的计划，也就是用财务数字或非财务数字来表明预期的结果。西方国家与中国均有"预算"概念，但在含义上有所不同。在中国，"预算"一般是指经法定程序批准的政府部门、事业单位和企业在一定时期的收支预计；西方国家的预算则是指计划的数量说明，不仅是对金额的反映。

在管理控制中使用最广泛的控制方法就是预算控制。预算控制清楚地表明了计划与控制的紧密联系。预算是计划的数量表现，预算的编制是作为计划的一部分开始的，而预算本身又是计划过程的终点，是转化为控制标准的计划。然而，在一些非营利组织中却普遍存在计划与预算脱节的情况。在许多组织中，预算编制工作往往被简化为一种在过去基础上的追加过程，而预算审批则更为简单，甚至不加研究调查，以主观想象为根据任意削减预算，从而使预算完全失去了应有的控制作用，偏离了其基本目的。正是由于存在这种不正常的现象，才促使一些新的预算方法发展起来，它们使预算这种传统的控制方法恢复了活力。

那么什么是预算呢？①预算是一种计划，编制预算的工作是一种计划工作。②预算是一种预测，它是对未来一段时期内收支情况的预计。制定预算的方法可以采用统计方法、经验方法或工程方法。③预算主要是一种控制手段。编制预算实际上就是控制过程的第一步——拟定标准。由于预算是以数量化的方式来表明管理工作的标准，其本身就具有可考核性，因而有利于根据标准来评定工作成效。控制过程的第二步——找出偏差，并采取纠正措施。控制过程的第三步——消除偏差。毫无疑问，编制预算能使计划工作得到改进。但是，预算最大的价值在于它对协调和控制的贡献。所以，预算可以帮助组织做出更好的计划和协调，并为控制提供基础，这正是编制预算的基本目的。

把各种计划缩略为一些确切的数字，以便主管人员清楚了解哪些资金由谁来使用，将在哪些部门使用。在主管人员明确了这些情况后，才有可能放心地授权给下属，以便使之在预算的限度内去实施计划。

二、生产控制

生产控制系统最重要的任务是控制基本库存和流量库存，即平衡输入和输出。然后再使用精确控制的方法减小和控制库存，同时还可以考虑采取一些批量计划措施。生产周期和脱期（脱期等于任务的实际完成日期减去计划完成日期）是两个不同的目标参量，组织应对它们分别监控，应采用不同的措施进行控制。生产周期只是平均库存与生产能力的函数，脱期却受到另外两方面的影响，即计划生产周期和实际生产周期的偏差和计划任务投放日期与实际任务投放日期的偏差。

控制贯穿于生产系统运动的始终。生产系统凭借控制的职能，监督、制约和调整生产系统各环节的活动，使生产系统按计划运行，并能不断适应环境的变化，从而达到系统预定的目标。生产系统运行控制的活动内容十分广泛，涉及生产过程中各种生产要素、各个生产环节及各项专业管理。

（一）生产进度控制

生产进度控制是对生产量和生产期限的控制，主要目的是保证完成生产进度计划所规定的生产量和交货期限，这是生产控制的基本方面。其他方面的控制水平，如库存控制、质量控制等都对生产进度产生不同程度的影响。在某种程度上，生产系统运行过程的各方面问题都会反映到生产作业进度上。因此，在实际运行管理过程中，企业的生产计划与控制部门通过对生产作业进度的控制，协调和沟通各管理部门（如产品设计部门、工艺设计部门、人事部门、维修部门、质量管理部门）和生产部门之间的工作，这样可以达到整个生产系统运行控制的协调和统一。

（二）库存控制

库存控制是使各种库存物资的种类、数量、存储时间维持在必要的水平上。其主要功能在于，既要保障企业生产经营活动的正常运行，又要通过规定合理的库存水平和采取有效的控制方式，使库存数量、成本和占用资金维持在最低水平。

（三）质量控制

质量控制的目的是保证生产出符合质量标准的产品。由于产品质量是否达标涉及生产的全过程，因此，质量控制是对生产政策、产品研制、物料采购、制造过程以及销售使用等全过程的控制。

（四）成本控制

成本控制同样涉及生产的全过程，包括生产过程前的成本控制和生产过程中的成本控制。生产过程前的成本控制主要是指在产品设计和研制过程中，对产品的设计、工艺、工艺装备、材料选用等进行技术经济分析和价值分析，以及对各类消耗定额的审核，以求用最低的成本生产出符合质量要求的产品。生产过程中的成本控制主要是指对日常生产费用的控制，其中包括材料费、各类库存品占用费、人工费和各类间接费用等。实际上，成本控制是从价值量上对其他各项控制活动的综合反映。因此，成本控制，尤其是对生产过程中的成本控制，必须与其他各项控制活动结合进行。

三、财务控制

财务控制是指对企业的资金投入及收益过程和结果进行衡量与校正，目的是确保企业目标以及为实现此目标所制定的财务计划得以实现。现代财务理论认为企业理财的目标以及它所反映的企业目标是股东财富最大化。财务控制总体目标是在确保法律法规和规章制度贯彻执行的基础上，优化企业整体资源综合配置效益，厘定资本保值增值的委托责任目标与其他各项绩效考核标准来制定的财务控制目标，是企业理财活动的关键环节，也是实现理财目标的根本保证，所以财务控制将服务于企业的理财目标。

（一）财务控制的作用

财务控制必须以确保单位经营的效率性和效果性、资产的安全性、经济信息和财务报告的可靠性为目的。财务控制的作用主要有以下三个方面：一是有助于实现公司的经营方针和目标，它既是工作中的实时监控手段，也是评价标准；二是保护单位各项资产的安全和完整，防止资产流失；三是保证业务经营信息和财务会计资料的真实性和完整性。

（二）财务控制的局限性

良好的财务控制虽然能够实现上述目标，但无论财务控制的设计和运行多么完善，它都无法消除其本身固有的局限，为此必须对这些局限加以研究和预防。财务控制的局限性主要有三个方面：一是受成本效益原则的局限；二是财务控制人员由于判断错误、忽略控制程序或人为作假等原因，导致财务控制失灵；三是管理人员的行政干预，致使财务控制制度形同虚设。

由于财务管理存在于企业经济活动的方方面面，因此其对企业生产经营的影响非常大。财务控制有一套完整的体系，它由财务控制环境、会计系统和控制程序三部分组成。

财务控制环境指建立或实施财务控制的各种因素，主要因素为管理单位和相关人员对财务控制的态度、认识和行为。具体包括：单位组织结构、管理者的经营思想和经营作风、管理者的职能和企业对这些职能的制约。会计系统指单位建立的会计核算和会计监督的方法和程序。有效的会计系统应当做到：确认并记录所有真实的经济业务，及时并充分详细地描述经济业务，在财务会计报告中对经济业务做出正当的分类；计量经济业务的价值，在财务会计报告中记录其适当的货币价值；确定经济业务发生的时间，将经济业务记录在正当的会计期间；在财务会计报告中反映经济业务、披露会计信息。控制程序指管理者所制定的财务控制方法和程序。其具体包括：经济业务和经济活动的批准权；明确人员的职责分工；凭证和账单的设置和使用，准确通过会计账簿反映经济业务；管好用好财产物资；对已登记的业务进行复核等。

四、审计控制

审计是对反映企业资金运动过程及其结果的会计记录及对财务报表进行审核、鉴定，以判断其真实性和可靠性，从而为控制和决策提供依据。根据审查主体和内容的不同，可将审计划分为三种主要类型。

（一）外部审计

外部审计是由外部机构（如会计师事务所）选派的审计人员对企业财务报表及其反映的财务状况进行独立的评估。为了检查财务报表及其反映的资产与负债的账面情况与企业真实情况是否相符，外部审计人员需要抽查企业的基本财务记录，以验证其真实性和准确性，并分析这些记录是否符合公认的会计准则和记账程序。

（二）内部审计

内部审计简称内审，是单位内部审计部门或人员进行审计的过程。由于审计人员对单位的情况比较了解，一方面能针对本单位情况加强监督、审核；另一方面还能提出相关建议以加强审计控制。虽然内部审计为经营控制提供了大量的有用信息，但在使用中也存在不少的局限性，主要表现在以下三个方面：

（1）内部审计可能需要较多的费用，特别是进行深入、详细的审计。

（2）内部审计不仅要收集事实，而且需要解释事实，并指出事实与计划的偏差所在。要想很好地完成这些工作，而又不引起被审计部门的不满，需要对审计人员进行充分的技能训练。

（3）即使审计人员具有必要的技能，仍然会有许多员工认为审计是一种"密探"或"检查"工作，从而在心理上产生抵触情绪。如果在审计过程中不能进行有效的思想沟通，那么可能会对组织活动带来负激励效应。

（三）管理审计

外部审计主要核对企业财务记录的可靠性和真实性，内部审计在此基础上对企业政策、工作程序与计划的遵循程度进行测定，并提出必要的改进企业控制系统的对策建议，管理审计的对象和范围则更为广泛，它是一种对企业所有管理工作及其绩效进行全面系统地评价和鉴定的方法。管理审计虽然由组织内部的有关部门进行，但为了保证某些敏感领域得到客观的评价，企业通常聘请外部专家来进行。

管理审计的方法是利用公开记录的信息，从反映企业管理绩效及其影响因素的若干方面将企业与同行业其他企业或其他行业的著名企业进行比较，以判断企业经营与管理的健康程度。管理审计在实践中遭到许多批评，其中比较主要的观点认为，这种审计过多地评价组织过去的努力和结果，而不致力于预测和指导未来的工作，以至于有些企业在获得极好的管理审计评价后不久就遇到了严重的财政困难。尽管如此，管理审计不是在一两个容易测量的活动领域中进行比较，而是对整个组织的管理绩效进行评价，因此可以为指导企业在未来改进管理系统的结构、工作程序和结果等方面提供有用的参考。

第四节　战略控制

战略控制主要是指在企业经营战略的实施过程中，检查企业为实现目标所进行的各项活动的进展情况，评价实施企业战略后的企业绩效，把它与既定的战略目标与绩效标准相比较，发现战略差距，分析产生偏差的原因以及纠正偏差，使企业战略的实施更好地与企业当前所处的内外环境、企业目标协调一致，使企业战略得以实现。

一、适时控制策略

只有及时采取措施纠正组织经营活动中产生的偏差，才能避免偏差扩大或防止偏差对组织不利影响的扩散。及时纠偏要求管理人员及时掌握反映偏差产生原因及其严重程度的信息。如果等到偏差已对企业造成不可挽回的影响时，反映偏差的信息才被管理者了解到，那么，即使这种信息是完全准确的，也不可能对纠正偏差带来任何指导作用。所以，纠正偏差最理想的方法应该是在偏差未产生以前就注意到偏差产生的可能性，从而采取必要的防范措施，防止产生偏差。

预测偏差虽然在实践中有许多困难，但在理论上是可行的，即可以通过建立组织经营状况的预警系统来实现。为需要控制的对象建立一条警戒线，反映经营状况的数据一旦超过这条警戒线，预警系统就会发出警报，提醒管理者采取措施防止偏差的产生或扩大。

二、适度控制策略

适度控制是指控制的范围、程度和频度恰到好处。

（一）防止控制过多或控制不足

控制常给被控制者带来某种不快，但是如果缺乏控制则可能导致组织活动的混乱。有效地控制应该既满足组织活动监督和检查的需要，又能防止与组织成员发生强烈的冲突。一方面，过多的控制会对组织成员造成伤害以及对组织成员的行为产生过多限制，会扼杀他们的积极性、主动性和创造性，抑制其创新精神，从而影响个人能力的发展，最终影响企业效率；另一方面，过少的控制可能无法保证各部门的活动进度和比例相协调，这样会造成资源的浪费。此外，过少的控制还可能使组织中的成员无视组织要求，在不考虑组织利益的情况下就开展工作，甚至利用在组织内的便利条件来谋求个人利益，最终导致组织无法实现组织目标。

当然，控制程度适当与否还会受到许多因素的影响。判断控制程度是否适当的标准，通常随活动性质、管理层次以及员工受培训程度等因素变化。一般来讲，对研发部门和营销部门的控制程度应小于生产部门。此外，企业环境的特点也会影响成员对控制程度的判断。在企业危机时期，为了共渡难关，大部分员工会接受严格的控制，而在企业顺利发展时则希望在工作中拥有较大的自由。

（二）处理好全面控制与重点控制的关系

任何组织都不可能对每一个部门、每一个环节的每一个人、每一时刻的工作情况进行全面控制，并不是所有成员的每一项工作都具有相同发生偏差的概率，发生偏差后对于组织的影响程度也是不同的。企业工资成本超出计划 5%对经营成果的影响要远远高于行政系统邮资费用超过预算 20%对组织的影响。所以，全面控制不仅代价极高，而且也没有必要，需要抓住重点进行控制。

适度控制要求企业在建立控制系统时，利用 ABC 分类法和例外原则等手段找出影响企业经营成果的关键环节和关键因素，并据此在相关环节上设立预警系统或控制点进行重点控制，选择关键控制点是重要的控制原则。有了这类标准，主管人员便可以扩大管理幅度，达到节约成本和改善信息沟通的效果，同时也使主管人员以有限的时间和精力做出更加有成效的业绩。

（三）控制费用与控制收益的权衡

任何控制都需要一定的费用。衡量工作成绩、分析偏差产生的原因以及为纠正偏差而采取措施都需要支付一定的费用。同时，由于控制纠正了组织活动中存在的偏差，所以会给组织带来一定的收益，只有控制带来的收益超出所需成本时才是值得的。控制费用与控制收益的比较分析，实际上是从经济角度分析控制程度与控制范围的问题。

三、员工参与策略

控制工作应该针对企业的实际状况采取必要的纠偏措施，促进企业活动沿着原先的轨道前进。因此，有效的控制必须是客观的、符合企业实际情况的。客观的控制源于对企业经营活动状况及其变化的客观了解和评价。为此，控制过程中采用的检查、测量的技术和手段必须能正确地反映企业的经营变化，准确地判断和评价企业各部门、各环节的工作与计划要求的符合程度。这种判断和评价的正确程度还取决于衡量工作成效的标准是否客观和恰当，为此企业必须定期检查过去规定的标准和计算规范，使之符合现时的要求。另外，由于管理工作带有许多主观成分，因此，对成员工作的判断，不应主观评定。没有客观的标准、准确的检测手段，就不容易对企业实际工作有正确的认识，从而难以制定出正确的措施，进行合理的控制。

为了实现客观控制，加强员工参与是必要的。传统观点认为，管理者在制定目标和行动方案后再告知下属员工，员工是被动接受目标和执行方案。参与式的控制方式，强调让员工参与控制的有关活动。在制定业绩目标和实现目标的方式上，员工充当积极的角色，可以发表自己的意见和建议。通过员工参与，可以使其更好地理解目标和计划，增强员工的自主意识和责任感，这有助于激发员工的积极性和主动性。同时，当员工参与到工作方法和流程的制定中时，管理者和员工能更好地沟通，促进他们之间的信息共享，改变员工对控制的态度，让员工意识到整个目标的制定、监督、评价的公开、公正、公平，增强控制的客观性，减轻控制和监督的负面情绪。

四、战略控制的障碍

对于多数企业来说，主要阻碍因素有以下五类。

（一）漠视企业自身发展

企业在战略选择时没有根据适者为优的"钥匙原则"找到最适合自己的战略，没有考虑到战略必须适时、适度。一些成长型企业在主攻领域内都尚未做深做大之前就迫不及待地高举多元化旗帜，贸然进军陌生行业或非关联领域。结果往往由于管理、资金、技术和外部环境不稳定等一系列原因，使原本有限的人力、物力和财力更加分散，从而错失进一步提升主业竞争力的机会。此外，一些成熟型企业在战略选择时过于保守，仍然运用小企业适用的经营管理方法来管理企业，由于缺乏战略变迁和创新，企业从创业变为守业。可见，在企业成长过程中，战略方向的选择与企业自身状况有显著相关性，因此企业要根据企业自身发展来选择战略方向。

（二）缺乏整体的系统观念

企业战略管理是企业为实现战略目标，制定战略决策，实施战略方案，控制战略绩效的动态管理过程，随着环境和企业的发展而发展。有些企业缺乏动态的系统观念，忽视战略的预见性、导向性和长期性等特征。所以，要强调价值管理，企业必须完成机会导向向战略导向的转变，在观念上建立整体的系统观。

（三）品牌战略意识的匮乏

我国企业大多处在全球产业价值链中附加值较低的制造环节，处于模仿阶段，产品与服务基本同质化，导致恶性竞争格局。品牌差异化的重要性没有被企业真正认识，多数企业的产品知名度不高，很难打入国际市场，也很难赢得顾客的青睐，企业的生存和发展空间狭小，难以做大做强。因此，品牌战略意识的匮乏，导致企业在战略选择中处于尴尬的境况。

（四）对人力资源开发的忽视

人力资源开发是保证企业各项经营正常运行的首要条件，但是多数企业严重忽视人力资源开发。用人机制不完善，没有深度挖掘企业员工的潜力，没有定期的职业技术培训和员工个人职业生涯规划，没有建立长期人才培育机制，为员工提供上升空间，这些因素最终使企业在战略选择中迷失方向。

（五）缺乏合作竞争意识

现在企业的竞争模式仍停留在价格竞争阶段，但是市场经济是竞争经济，也是合作经济或协作经济，竞争与协作是不可分割的。在《协作型竞争》一书中指出，对多数全球性企业来说，完全损人利己的竞争时代已经结束。因此，企业在开拓市场时要实行合作竞争、联合竞争、协作竞争，要建立企业价值的共享机制。

 本章小结

本章介绍了管理四大职能之一的控制职能。控制是指对组织各方面的活动给予监控，使组织实际运行状况与组织计划要求保持动态适应的工作过程。控制过程贯穿于管理的全部过程。控制的过程包括三个步骤，分别是确定控制的标准、衡量绩效和纠正偏差。

 **复习思考题**

（1）什么是控制？
（2）控制过程包括哪些阶段的工作？
（3）控制具有什么作用？
（4）控制的基本前提包括哪些内容？
（5）什么是控制的基本特征？
（6）控制有哪些类型？
（7）制定控制标准的步骤有哪些？
（8）常见的控制方法包括哪四类？
（9）什么是战略控制？
（10）战略控制有哪些阻碍因素？

第八章 管理的挑战

管理格言

在像管理学这样的社会学科中，最重要的是基本假设，其发生的变化也变得越来越重要。

——彼得·德鲁克

学习目标

· 了解 21 世纪管理面临的新环境和挑战。
· 理解传统管理理论与实践的基本特点及其面临的困境。
· 掌握全球化环境的特点及其给管理实践带来的挑战。
· 理解中国管理理论与实践的迷思。

流浪地球上的遐思

地球发动机将不间断地开动 500 年，到时地球将加速至光速的千分之五，然后地球将以这个速度滑行 1300 年，之后地球就走完了三分之二的航程，它将掉转发动机的方向，开始长达 500 年的减速。地球在航行 2400 年后到达比邻星，再过 100 年时间，它将泊入这颗恒星的轨道，成为它的一颗卫星。

我知道已被忘却
流浪的航程太长太长
但那一时刻要叫我一声啊
当东方再次出现霞光
我知道已被忘却

启航的时代太远太远

但那一时刻要叫我一声啊

当人类又看到了蓝天

我知道已被忘却

太阳系的往事太久太久

但那一时刻要叫我一声啊

当鲜花重新挂上枝头

……

每当听到这首歌，一股暖流就涌进我这年迈僵硬的身躯，我干涸的老眼又湿润了。我好像看到半人马座三颗金色的太阳在地平线上依次升起，万物沐浴在它温暖的光芒中。固态的空气融化了，变成了碧蓝的天。两千多年前的种子从解冻的土层中复苏，大地绿了。我看到我的第一百代孙子孙女们在绿色的草原上欢笑，草原上有清澈的小溪，溪中有银色的小鱼……我看到了加代子，她从绿色的大地上向我跑来，年轻美丽，像个天使……

啊，地球，我的流浪地球……

科幻文学作品总是给我们创造出一种我们不熟悉但又与科学认知有一定联系的情境与情节。这让我们思考，如果在流浪的地球上或星际间的航行中，人类又会进行怎样的管理实践？发展出怎样的管理理论？

管理总是面向实践且具有情境依赖性，管理理论也具有一定的情境依赖性特点。换言之，任何管理都依托于一定的组织，而组织则在一定的环境中存在，可以说环境是组织生存的土壤，它为组织的活动提供条件与发展的机会，同时也会对组织活动起到制约作用，甚至带来威胁。自进入 21 世纪以来，人类所处的环境和人类自身的行为特点与精神世界都在发生着剧烈的变化。这给管理带来了挑战，也给管理者带来了迷思。

第一节　管理面临的挑战与危机

中国近百年来处于剧烈而深刻的社会转型升级过程之中，总体而言，管理思想、管理理论与管理实践模式都处于各种困境之中，因而管理变革成为中国管理学与管理实践模式的常态，尤其是进入 21 世纪以来，管理所面临的困境尤为显著，下面将从挑战与危机两个方面对中国管理所面临的困境进行分析。所谓管理挑战是指对已有管理模式的有效性与真实性引发带来或质疑的因素，这些因素来自于组织外部或内部环境。管理在面对力量强大的挑战因素时就会引发管理危机。管理危机是管理面临既有危险又有机遇的局面，是管理发展或重生的转折点。

一、管理面临的挑战

德鲁克指出，21世纪最应该引起我们重视的变化不是在经济领域，也不是在技术领域，而是在社会层面上和政治层面上的变化。其中包括越来越低的出生率、可支配收入的变化、对绩效的重新认识、竞争全球化等。这些变化可能使现在处于高速增长的行业逐渐走向衰退，并且一些细微的现象也可能暗示着巨大的机会和潜力。

（一）全球化环境的挑战

在进入21世纪后，组织的管理受到了全球环境的挑战。在跨国公司、世界贸易组织和欧盟、东盟等区域性贸易联盟的共同推动下，全球化成为一股不可阻挡的潮流，这使管理不再局限于某个国家。

全球化对企业的影响是巨大的，使企业由此面对更大范围的市场，使得众多组织面临更加强大的竞争压力，这要求管理者重新思考在全球性的环境中如何提高组织绩效水平和寻找更好的组织资源。对于处在全球竞争环境下的管理者来说，如果不进行自我调整，就会处于被动的位置。全球化可以给企业带来许多利益，但因此也对企业获得竞争优势提出了新的要求与挑战。

1. 管理多样性的员工

全球化环境下员工队伍构成日趋多样性，企业特别是跨国企业的原有管理体系不可避免地遇到文化差异所带来的影响。员工多样化是员工构成的多样性，而多样性是指人与人之间由于年龄、性别、种族、民族等造成的差异。

员工多样化既可以给企业带来一定的优势，也可能对企业带来问题，所以对管理者提出了新的挑战。员工多样化的潜在竞争优势表现为：①有利于招聘到更多有才干的人才。②为公司带来创造性优势。员工多样化带来多样化愿景、文化与知识，而且较少受到陈旧规范的束缚，这样可以产生更强劲的创造力。员工多样化带来的管理多样化使得管理系统具有更大的弹性，可以使员工行动更加灵活。③树立良好的形象。欢迎并鼓励不同才能的员工加入企业、留在企业。当然，员工队伍多样化也对管理提出了新的挑战：①工作时间安排要更加灵活，这样可使员工的注意力集中到工作上。②要求公司的激励政策和方法适应于多样化的群体。③人力资源管理需要创建新的模式和流程来提高企业效率和竞争力。这需要企业建立有效的全球人才资源开发系统，选拔、引导和培养员工以国际化的思维来思考和工作。对于管理者来讲，认识到多元化的存在并主动适应这种环境变化是必要的。

2. 建立不同的竞争优势

多元化给企业带来竞争优势。竞争优势是组织凭借比竞争对手更高的效率和更好的效果生产消费者需要的产品和服务，并因此超越竞争者的能力。竞争优势的来源有效率、质量、创新，以及顾客的响应度。其中，在全球化竞争中如何提高速度、增强灵活性和加速创新是建立竞争优势的关键环节。在全球化的背景下，企业之间的竞争越来越取决于企业的速度和灵活性以及创新能力。速度指企业为市场提供新产品以及服务的快捷性。灵活性是指企业对顾客特殊需求做出应对的难易程度。快速、灵活的企业要求其管理者拥有卓越的计划和组织能力，对外部环境有着敏感洞察力，能够迅速调动资源以应对环境的变化。创新是社会进步的动力，也是企业竞争优势的动力来源。创新包括了新产品的开发，也包括对服务的改进。鼓励创新对于那些需要应对市场变化的企业来讲尤为重要。

3. 不同道德标准对管理带来的挑战

道德规范一般指界定正确行为和错误行为的准则和原则。道德准则是组织对员工应遵循的基本价值观和道德观进行阐述的正式文件。全球化让企业面临不同的道德标准，各国的道德规范和准则有着不同的要求。在组织资源的配置调整过程中，处在各个层次上的管理者都面临在降低成本的同时还要提高绩效水平的巨大压力。这种压力既来自于股东，也来自于社会公众，还来自于顾客。在管理者进行决策时，将哪一方的利益作为最重要的决策要素也反映了不同的道德标准。

环境问题是企业道德中不可忽视的因素。在人类生存环境越来越恶化的今天，环境日益成为全球性市场中不可忽视的重要因素。企业追求绿色经济、进行绿色管理往往会给企业带来良好的声誉，从而建立起竞争优势。企业生产的产品应该是绿色的，这往往成为差异性的重要来源，并且越来越多的环境消费者愿意为此接受较高的价格。相反，如果企业不重视环境问题，生产出对环境不利的产品最终会影响企业形象，危害企业利益。

全球化对企业经营与管理的其他方面也提出了挑战。例如，知识的资本化、资本的多元化使企业活动跨越国家界限，但进一步的全球化、国际化也给企业带来了挑战，如企业内部交易费用上升，这使委托代理问题更加突出，代理成本有上涨趋势。

（二）知识经济与信息社会对管理的挑战

知识经济是建立在知识和信息的生产、分配和应用基础之上的经济。其主要内容包括：①生产核心要素是以知识、信息扩散和运用为基础，由知识、无形资产和知识型劳动者等构成。②生产特征是信息化、网络化、虚拟化、分散型、及时性，敏捷生产，厂家与客户合作设计，用户指挥生产等。③组织特征是学习型、紧密型、合作型的伙伴关系、并列关系和网络结构。④管理是以信息化、网络化、个性化、适应性、创新性为重要特点。⑤成功的企业是以创新、柔性知识生产型为主体的企业。⑥市场特征是突出全球化、快速化、非中介的网络化、电子商务化等。⑦技术特点是数字化、智能化、知识化、可视化、柔性制造化等。⑧产业结构是以知识型、高技术、服务型的专业化为主导地位。⑨知识更新快速化，表现为知识型劳动者就业率高，劳动者终身需要接受新知识的学习等。知识能够为企业提供长期的竞争优势，是企业核心竞争力的重要来源。谁首先掌握某一特定的知识，谁就能在国际国内的竞争中取得优势，领先于同行并最终在竞争中取胜。很显然，这对企业传统的经营与管理都是巨大的挑战。

1. 知识经济和信息社会对企业管理观念的挑战

在知识经济时代，经济的增长不再过分依赖于经济资源，而是更加取决于知识资源。知识资源具有复制性、反复消费性及在使用中不会引起边际报酬递减三个特征。知识资源对经济增长所起的巨大推动作用将对企业管理提出新的课题。在传统管理中，对劳动者的约束使劳动者缺乏自主性。在知识经济条件下，企业对工作时间和地点的要求可能不再统一，工作的弹性加大。例如，有的公司实行按个人时间上下班制，一些知识型企业上下班的时间、地点和工作的界限越来越模糊，在美国甚至出现了一大批 SOHO（Small Office & Home Office），员工可以灵活地安排自己的工作方式与时间。管理者必须营造出可以使企业员工平等交流、共享知识和共同开发与利用企业知识资源去创造的新环境。

2. 信息社会对企业生产方式的挑战

企业不再把传统工业经济时代沿袭下来的速度、数量、产值作为追求的目标，不再只注重以往的流水线等严格的分工组织形式和工艺流程，而是重视人的主观能动性、独立性、创造性。虚拟企业等新的组织及管理模式正在冲击着传统的企业生产管理方式。在生产中，对知识和信息的应用产生了诸如计算机辅助设计、计算机辅助制造等一系列发展方向。①"软式制造"模式是自 20世纪 90 年代以来现代制造业的主流生产模式，其特点是更加重视计算机及其网络在制造业中的应用。②"计算机集成制造系统"（CIMS）是当今世界制造业关注的焦点，并将成为 21 世纪最主要的生产模式，旨在集自动化技术之大成，创造整体优化的生产模式，其主要由工程设计、产品加工和生产管理等组成。③"即时生产"（JIT）就是接到用户订单后，根据用户不同的需求，及时进行装配生产。这种模式显示了生产具有很大的灵活性。"即时生产"的精髓是在需方需要的时间，在需方要求的地点，将需方所需的产品和服务按需方需求的数量和质量，以合理的价格提供给需方。这种方式以小批量生产代替大生产流水线，使企业根据市场的需求进行快速的调整。

3. 信息社会对企业经营方式的挑战

互联网浪潮冲击着人类社会的方方面面，由于其使用的广泛性及快捷性等优点，互联网在企业经营上具有巨大的应用价值。特别是电子商务的发展形成了新的交换体制，冲破时空的限制，构架出新的市场规则。在互联网这个全新的平台上如何开展企业的经营活动已成为企业面临的重大课题。电子商务的信息传递和资源共享突破了原有市场的界限，企业无论大小，只需要花费极低的成本就可以通过互联网构建自己的全球贸易网，成为市场全球化的跨国企业。只有在知识经济的背景下企业才能实现真正意义上的目标市场营销。互联网技术使供求关系变为动态的互动关系，顾客可以在全世界的任何地方、任何时间将自己的特殊要求利用互联网迅速地通知给供应商，而企业也可以随时随地通过互联网了解和跟踪顾客的市场反馈。顾客不再仅是对象或目标，而是参与者和控制者，成为企业的合作者。

4. 信息技术对企业组织和运行形式的挑战

企业根据市场的需求和自身的竞争优势与劣势，借用企业外部的力量，将可利用的企业外部资源与内部资源整合在一起虚拟运行，这是知识经济时代企业组织形式的发展趋势。企业虚拟化的目的是增强企业竞争优势，提高企业竞争力。虚拟运作的类型包括：①人员虚拟。打破传统的组织界限，通过多种方式借"力"引"智"，外部人力资源与自身资源相结合，以弥补自身智力资源不足。②功能虚拟。借助外部具有优势的资源与自身资源相结合，以弥补自身某一方面的功能不足。其主要形式有虚拟生产、虚拟营销、虚拟储运和虚拟广告设计等。

5. 信息技术对组织内部管理模式的挑战

全球化对管理者的重大挑战是如何有效利用信息技术和电子商务。目前多数企业都广泛使用互联网、视频会议等信息系统，通过信息技术建立起公司的竞争优势。信息技术提供了更加丰富、更加有意义的信息，从而改变了管理者扮演角色的方式，也对管理者所扮演角色需要的技能提出了新的要求。信息技术和电子商务改变了传统的管理方式。一般来讲，信息化企业拥有一些共同的文化特征，如非正式的工作地点、快速及时地完成项目。但是，信息化的工作方式对员工的注意力提出了更高的要求，要避免出现"网上闲逛"等情况。

因此，管理者要思考如何使工作变得更有意思，还需要提供正式的休息来克服工作的单调性。

信息技术使得各层级管理者能够方便、快捷地获得更多、更准确的信息，从而提高计划、组织、领导和控制能力。信息技术的运用还改写了沟通的原则。员工可以在任何时间、任何地点和任何人进行及时沟通。总体来讲，信息技术的使用增强了个人准确、快速地获取信息并根据这些信息进行决策的能力，保证了低成本进行全球竞争的需要。通过利用信息技术，管理者提高了管理质量。例如，通过使用功能强大的新型软件程序，扩展了员工的知识和能力，使得向员工授权成为可能；也使得自我管理团队这种组织方式更为普遍。对信息技术的运用使基层管理者由过去指挥转变为向员工提供建议和指导，使团队协作更加高效。

工业经济时代的管理重点是如何增加生产、加快流通和提高销售。而在知识经济时代，由于知识资源成为企业最重要的资源，管理者需要对知识进行有效的识别、获取、开发、分解、使用、存储和共享，运用知识提高企业竞争力。因此，知识管理将成为推动知识经济时代前进的重要动力，提高知识的生产力和创新能力将成为管理的核心。

（三）知识型员工与新生代员工对管理的挑战

1. 知识型员工对管理的挑战

21世纪最宝贵的资产将是知识工作者和知识工作者生产率。怎样提高知识型工作者的生产率是所有管理者面临的一个挑战。

在彼得·德鲁克看来，知识型员工具有如下特征：①知识型员工自带生产工具，与组织联系松散。②除非把知识应用于工具，否则毫无意义。③组织无法有效地监督知识型员工。④组织无法以薪资赢得知识型员工的忠诚。⑤现代组织不是老板与部属的组织，而是一个团队合作的组织。彼得·德鲁克在《21世纪的管理挑战》中写道："在20世纪，管理所做的最重要也是唯一的贡献，就是把生产过程中体力劳动者的生产率提高了50倍；在21世纪，管理需要做出的最重要的贡献，是使知识工作者的生产率得到同样的提高。"

彼得·德鲁克认为要提高知识型工作者的生产率，首先要明确任务是什么，然后再明确质量是什么，这样才能了解知识型工作者到底在干什么以及如何提高他们的生产率。知识型工作者的生产率由六个主要因素决定：①任务是什么，这是提高知识型工作者生产率最关键的问题。②知识型工作者必须自己管理自己的生产率，同时要有自主性。③创新必须是知识型工作者的工作、任务和责任的一部分。④持续不断地学习，以及持续不断地教导。⑤不只是量的问题，质也一样重要。⑥知识型工作者必须被视为资产。知识型工作者掌握生产资料，他们大脑中储存的知识是巨大的资产并且可以带走。因此组织对知识型工作者的依赖程度较大。

知识型工作者的生产率归根结底就是其工作的有效性及其在工作中是否能有所成就，这是知识型工作者的工作动力。如果知识型工作者的工作缺乏有效性，那么他对做好工作和做出贡献的热情很快就会消退。因此，传统管理理论与实践中针对体力劳动者的管理方式对知识型工作者失去了有效性。如何激励和管理知识型工作者已经成为管理所面临的一大挑战。

2. 新生代员工

新生代员工是指"80后"员工特别是"90后"员工。"90后"员工独特的心智模式和行为方式引起了管理实践者和管理学者的高度关注。一般认为，"90后"员工整体上存在思想开放、富有创新精神等优点，但也存在比较明显的缺点。

（1）缺乏利他性的信仰与信念。"90后"多为独生子女，没有经历过较多的困苦和挫折。家长为他们提供了优越的物质条件和无尽的关爱，这导致"90后"习惯于父母和社会对他们的给予，习惯把自己的感受放在第一位，更加注重自己的需求，以自我为中心，崇尚发展自我、展现自我、成就自我。一项调查发现，"90后"员工喜欢在群体中处于主导位置，表现出一定的以自我需要为中心的特点，追求高收入，具有经济型价值观倾向。与自我意识强烈相对应，他们不像"50后""60后"那样讲求奉献精神，也不再注重利他性的信念和理想。一位"90后"作者自述："我们好像缺少一种理想和信仰，没有明确的精神追求，没有把工作当成是自己一生的奋斗事业那样的前辈的追求，没有为工作付出自己的全部的那种热情，在乎的只是工作带给自己的快乐与满足，有人说这种工作方式好，也有人批评这种方式，作者看来，这种方式让我们活得更加自由，但企业效率可能不会那么的符合管理者预期。"在工作中，"90后"员工更加关心个人利益和目标的实现。

（2）道德意识淡薄。中国社会正处于转型期，社会价值体系领域相对的矛盾冲突尤为尖锐，集中体现为价值标准不唯一、价值观多元化，社会道德水准呈现出下降态势。在这种情境下成长起来的"90后"员工在道德意识和道德素养方面不可避免地呈现出淡薄的特点。一般而言，自我意识过强的人一般易于忽略他人的感受，由于传统文化教育的长期缺失，"90后"员工的传统道德意识淡薄。对"90后"十分熟悉的新东方创始人俞敏洪在"第六届新东方家庭教育高峰论坛"上，在谈到家庭教育对文化发展的重要性时指出，"温良恭俭让"等传统道德在多子女家庭中更易养成，而在独生子女家庭中容易养成道德意识淡漠的孩子，这些孩子进入职场后往往会携带这一特点。

（3）心理韧性较差。人们将这一群体戏称为"草莓族"，认为他们虽然外表光鲜，但像草莓一样受挫性和抗压性较差。"90后"新生代员工面临着恋爱结婚、买房买车、职场竞争等多方面压力，但他们缺少明确的规划。因为他们从小到大没有经历过什么挫折，所以在职场中遇到困难时就容易遭受打击。他们通常还具有较强的自尊心，心理承受能力较差，一旦受到批评就可能失去工作热情，甚至产生逆反心理。

（4）责任意识、敬业精神与组织忠诚度不足。相较于前几代人对组织的高忠诚度与强烈的责任感，"90后"新生代员工在工作中遇到困难和障碍时往往喜欢推卸责任，担当意识较差，没有奉献精神，对组织忠诚度较低。因此，想要解决"90后"新生代员工管理的难题，应当在认识其特征的基础上，充分了解其内在需求，挖掘出影响管理效果的实质性因素。

（四）管理变革与自我管理的挑战

面对新的内外部环境，管理者只能走在变革的前面，成为变革的引导者。变革的引导者视变革为机会。他们主动寻找变革，知道如何发现适当的变革良机，了解如何在组织内部和外部发挥变革的作用。

变革和稳定是同一件事的两极，但不是相互对立的。一个组织越是接近变革，它就越要建立持续性，并且必须在变革和持续性上取得平衡。面对动态变化的经济环境，企业要将变革作为机会来看待。变革的风险较大。但是，它的风险比被动接受未来的风险要小得多。变革须谨慎三种陷阱：①不符合战略现实的创新机会；②混淆"新奇"与"创新"之间的界限；③混淆具体的动作与行动计划之间的界限。变革的首要原则是有组织地放弃昨天的经验与成功。在迅速变革的时代，"变革的方法"比"变革的内容"更有可能跟不上时代的发展。

变革的时代需要管理创新，而管理创新本身就是对管理的巨大挑战。创新型管理不同于传统型管理，它是把创新贯穿于整个管理过程，使管理随着技术、市场及组织内外条件、环境的变化而变化。同时，它也要求整个组织及其组成人员必须是创新型的，要将创新作为其各种活动的主旋律。创新既是一个国家兴旺发达的不竭动力，也是一家企业赢得竞争胜利和保持竞争优势的可靠保障。可以预言，创新管理是未来组织生存和发展的根基。它有助于组织全面创新，使创新活动由单项创新转向综合创新、个人创新转向群体创新。创新必将是未来组织在竞争中取胜的公开秘密。

（五）新的内外部环境对管理的挑战

席酉民等经过长期的观察，认为在全球化、知识经济和信息技术革命的浪潮冲击下，管理者不得不面对一个被日益复杂、快变、模糊和不确定性充斥的组织新图景。越来越多的要素及其非线性关联"挑衅"着管理者的认知能力，快速变化不仅加剧了认知难度，而且不断削减预测未来的可能性，组织管理正面临着前所未有的新挑战。在摸索中前行成为未来管理者的宿命。

1. 组织内外部环境的复杂性

从结构视野看，复杂性分为垂直复杂性（组织的层级数）和水平复杂性（组织部门数），纵横交错的节点越多，组织的协调和信息处理难度越大，组织事务就越复杂；同时，组织关系越密切且无规则，则复杂性程度越高。从组织行为特征出发，人们由于认知和知识的局限，难以解决所有组织问题，需要不断地学习来积累和适应。组织系统的复杂性与自然系统不同，人在组织中居于核心地位，组织目标作为组织的最终诉求只能通过组织成员的行动来实现。因此，组织的运行是以人的行为来展开的，组织复杂性亦主要由人的行为模式引起。

2. 组织环境的快变性

在创新成为企业取胜和维持竞争优势的"法宝"背后，展现的是快速变化的组织环境。多元化的顾客需求、信息的快速传播、产品的快速销售等，使产品、技术的生命周期大大缩短。在动荡的环境中保持组织的持续发展就成为管理者不得不面对的现实。组织若不能快速应变、不具备动态能力，就很可能在竞争中处于劣势。

3. 环境的模糊性

环境的模糊性使"只见树木不见森林"成为一种常态，管理者对事物的理解趋于多元化。模糊性基于事实不清、沟通不畅、价值观不一致。著名管理大师詹姆斯·马奇（James Gardner March）数十年研究组织决策中的模糊性，但仍未找到很好的解决方案，近年来已尝试整合东西方的管理思想来应对这一问题。

4. 组织环境的不确定性

早期的研究认为，不确定性即组织外部环境的快速变化，是一种客观存在的现象；后来研究者提出，不确定性只有在管理者主观感受到时才能影响到组织的发展，因此不确定性应该是一种主观感受。此后，学者一致认为不确定性是由于管理者对环境信息的缺乏所引起的，实际上体现的是组织环境的一种本质特性，这种特性和不规则的快速变化有密切关系。Milliken 给出不确定性的三种类型，即状态的不确定性、影响的不确定性和反应的不确定性。状态的不确定性指管理者对环境状态信息的缺乏；影响的不确定性指管理者对环境变化对组织影响的不可预测性；反应的不确定性指管理者缺乏组织应对环境变化的信息。已有研究普遍将不确定性看成组织发展的障碍，运用战略规划、组织设计、管理优化等多种方法来减少不确定性。

综上所述，未来组织管理活动可用图8-1的四维来刻画。复杂性和不确定性多是组织环境本质属性和对客观状态的表述，从本体论层次高度刻画了组织环境的基本状态；模糊性则涉及组织环境与人之间的互动，从认识论层次刻画了人在认知环境过程中的多元化特征；快变性则从时间的角度描述了组织环境的宏观特征，将复杂、不确定和模糊的组织环境置于一个纵向不断变化的空间中。

复杂性、快变性、模糊性、不确定性（Complexily，Change，Ambiguity，Uncertainty，UACC）的环境对组织管理的挑战在管理实践中已经显现出来。例如，市场竞争、国家政策导向的不确定性，对社会重大事件的模糊理解，在全球化背景下多元文化冲突，以及技术变革、文化演进等过程中的不可控因素。这些新事物和新趋势对传统管理中强调通过合作达到共同目标这一要求提出了更大挑战。

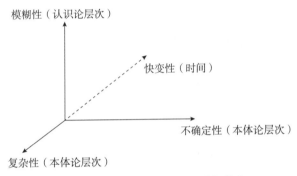

图8-1 管理环境的 UACC 特征综合

二、传统管理范式的危机

管理学大师彼得·德鲁克在其著名的《21世纪的管理挑战》中指出了很多管理挑战，这些挑战与危机是建立在管理的假设基础之上，因为管理的基本假设从根本上预设了管理范式的不同。假设是管理学等社会科学研究的起点，并且它们通常存在于研究者的潜意识中，这些假设在很大程度上决定了研究者与实践者对事实的认知程度。学科研究的方向取决于他们对事实的基本假设。管理学关注的是人和组织的行为，因此假设对这一学科尤为重要。人和组织处在不断地变化中，所以假设不能一成不变，管理学基本假设的变化将会越来越重要。彼得·德鲁克洞察到，自20世纪30年代起形成了管理的两套基本假设：

第一套基本假设构成了管理原则的基础：①管理是企业理论；②企业应该具有或必须具有一种恰当的组织形式；③企业应该采取或必须采取一种管理人

的恰当方式。

第二套基本假设则奠定了管理实践的基础：①技术和最终用户是一成不变的和已知的；②管理的范围是由法律决定的；③管理是对内部的管理；④按国家边界划分的经济体是企业和管理依托的"生态环境"。

这些基本假设与20世纪的管理情境与实际非常接近，具有可操作性，并且产生了有目共睹的管理实效，从而形成了所谓的传统管理范式。自进入21世纪以来，这些基本假设与现实渐行渐远。换言之，传统的管理范式正在面临严重的挑战。

第二节　管理的迷思

面对挑战和困境，管理在理论上和实践上都出现了迷思。迷思原指人们用以解释自然活动或证明宗教信仰、社会风俗的广泛流传的故事，后引申为多数人信以为真却并非事实的解释或观点。迷思作为一种既有知识的载体，曾在组织和社会生活中扮演着重要角色。迷思既非事实，更不是严格意义上的理论，虽然可能流传久远，却无法改变其遮蔽真相、限制人们独立思考和探索的性质。根据张钢、李腾等学者的研究，管理实践与理论出现了部分迷思，这些迷思在某种程度上预示着新的管理范式、思想和理论的创新。

一、伟大管理者的迷思

中国的企业管理者常常扮演着家长的角色，尤其是最高管理者更是权力集中的表现，最高管理者成为整个组织的代表。这种家长式领导具有专权作风，并需要修饰自我形象以实施对下属的教诲。相对应地，在"家长"面前，组织成员会表现出顺从、服从、敬畏和羞愧的行为。当然，"家长"也会照顾与维护下属的尊严与面子，所以组织成员应该表现出感恩的行为，直至从内心到行为都要将"家长"视为无所不能、最优秀或最卓越的代表。这样一来，一个伟大的、"神一样"的管理者形象就树立起来了。在极度强化"像家一样"的组织中，总有这样一位或几位充满光环和神话色彩的"家长"。在他或他们的领导下，"家"往往不仅团结一致，而且无往不胜，特别是在创业阶段，这样的企业往往获得了巨大的成长绩效。这样的企业以家族企业、民营企业最为典型。但是这种管理方式的问题也会在企业发展到一定阶段后逐步显露出来，如"家庭和谐"表面化，"家业长青"和"家长终身"禁锢企业活力。相对于全能式的"家长"、神话般的管理者，组织中的普通成员则像未成年的孩子一样天真，很难真正成长。这是一种典型的管理迷思现象，可以称之为"伟大管理者的迷思"。

"伟大管理者"的塑造一般离不开以下五种做法：①权力垄断。要造就伟大的管理者，就必须高度集权。管理者的决策通常没有一定的规则，他们的权力不（会）与下属分享，也不轻易授权。为了实现权力的垄断，不同组织的做法可能不一样，但都是从关键资源和核心活动入手，通过控制关键资源，操纵核心活动，进而逐渐集中权力。②因时因势用人。管理者因塑造自己伟大形象的时机、形势及阶段不同，需要不同类型的下属，但不管在什么样的条件下，下属对管理者个人的忠诚度永远是管理者选人的首要条件，他们要求下属必须完全信任管理者的判断，相信管理者是不会错的。由此，管理者希望选择那种有缺陷、易控制的个体，并形成亲疏远近、因时因势的圈子。③利用信息不对称。通过与下属保持距离，管理者保持了"老板"的尊严，同时他不会对下属明确表达真实想法，不让下属知悉他的计划，利用这种人为的信息不对称，维护自己的权威形象，并保留控制权。④不遗余力地造势和推广。家长式的管理者会在一切可能的场合、一切可能的时机代表组织展现其伟大。⑤排斥可能威胁到家长式管理者伟大形象的人和事。管理者排斥在公开场合中表现出对下属的高度信心，目的在于维持双方权力的不平衡；他也排斥下属揣摩到他的意图，警惕下属拥有控制权。相反，管理者会采取分化管理的策略，鼓励下属彼此竞争，以达到个人或团体的目标。这样做的结果是，在组织这个"家"中，遇到任何事情，无论轻重缓急，都需要"家长"做决定，因为"家长"已经成为"家"中最卓越、最伟大的"全才"。

当然，这五种途径也因组织而异，除此之外，可能还有更多的方式。不管怎样，在以家为隐喻的组织中，通过这种努力，一个"伟大管理者"就被塑造出来了。一旦有了"伟大管理者"，组织就更像"家"一样。以组织为"家"的迷思和伟大管理者的迷思是互相强化的。

二、人性化管理的迷思

今天各类组织都在宣传"人性化管理"，但有些人性化管理经不起两个追问：为什么要实施人性化管理？为什么能实施人性化管理即实施人性化管理的基础是什么？

关于第一个问题，一般的回答可能是"今天只有人性化管理才能调动员工的积极性"。那么，为什么要调动员工的积极性呢？回答自然是"为了组织的竞争力或组织的长远发展"。既然如此，人性化管理的意义或价值就是获取组织利益的手段，而如果该组织没有建立应有的权利保障制度和利益分享机制，并且带有鲜明的权力和利益垄断色彩，那么结论便不言自明，即"人性化管理"只不过是权力和利益垄断者或拥有者用以获取其自身利益的工具或手段。

关于第二个问题，人们自然会想到，之所以能实施"人性化管理"，依靠的是管理者的善意。目前流行的术语"以人为本"已经预设了一个"缺位"的主语，即"谁来以人为本？"人们早已习惯的答案是"善意的管理者"。然而，一旦组织中的权力出现垄断，还能期望有"善意的管理者"吗？在权力垄断的组织中，越是打着"以人为本"和"人性化管理"的旗号，越是需要警惕和反思。

经不起上述两个追问的"人性化管理"应该也是一种迷思，尤其是当所谓"人性化管理"与"家的隐喻""伟大管理者"联系在一起的时候，这种迷思的本质更是暴露无遗。既然如此，那么组织中难道就不存在真正意义上的"人性化"和"以人为本"吗？

以人为本和人性化都绝不能依靠别人的施舍与同情。以人为本不应该有主语，每个人都是平等拥有独立权利的主体，自然都是"本"，都有"尊严"，都是"人性"的彰显。由这样拥有独立权利和独立人格的主体组成的组织，应该确立保障每个主体权利的规则体系，也就是说，该组织得以成立的前提是权利和规则体系（治理架构）而非权力和管理者（管理结构），只有在保障权利的规则体系或治理架构下，才能更有效地设置权力制衡机制，并建立起限制权力的管理结构，进而选择管理者来执行或运用权力。由此所形成的自然就是"以人为本"的组织，而组织中的管理也自然是"人性化管理"。这种组织尊重每个组织成员的权利，并维护其尊严，根本无须打着"以人为本"和"人性化管理"的旗号。

三、情境特殊性的迷思

目前各类组织及其管理者似乎都有一个坚定的信念在支持他们"独行其是"，那就是所处的环境是特殊的，所从事的业务是特殊的，发展方式是特殊的，组织与管理是特殊的。因此，无法按照现成的理论模式来管理企业，只能按照自己的方式进行管理。这种"独行其是"的行为，其核心就在于"情境特殊性"。

通过持续不断地推广，同时借助组织的短期或中期成功，这种"情境特殊性"的观点正在被越来越多的人所接受，甚至那些组织与管理的研究者也提出了所谓"特殊情境下的管理研究"的课题。但是，基础科学研究的本质恰恰在于超越特殊性、超越情境，是对自然界和人类社会中存在的内在秩序和规律的研究。

"情境特殊性"在"特色"与"接轨"的权变中表现得淋漓尽致。若是情境外的某种组织模式和管理措施对管理者有利，那么，他们就会以"国际接轨"之名引进，而"情境特殊性"则被搁置在一旁；若是自己组织的某种模式或做法明显与情境外同行不一样，但这种模式或做法又对管理者的权力和利益垄断非常有利，那么，管理者就会以"情境特殊性"之名，宣称这种模式或做法是"组织特色"，必须保持，这时"与国际接轨"则成为别有用心的做法。

既然组织与管理是"情境特殊"的，而"情境特殊性"又极大地满足了管理者权力集中和利益垄断的需要，那么，组织中的管理者当然希望为这种"情境特殊性"寻找更坚实、更合理的支撑和论证，因此，大量关于"情境特殊性"背景下的组织与管理研究便应运而生。然而，从根本上来看，目前各类关于组织与管理"情境特殊性"的研究是在不断强化"情境特殊性"的迷思，这恰恰与基础理论研究的要求背道而驰。

四、组织内部竞争机制的迷思

一个看似奇怪的现象是，在权力高度垄断的组织中，管理者更热衷于"竞争"。在组织中一边讲着"人性化管理"的同时，管理者却一边以发挥"鲶鱼效应"为名在组织内部"全面引入竞争机制"。

在市场经济条件下，竞争前提是主体（个人和组织）的独立性和自主性。这些主体在竞争性市场体系下受到法律的约束和保护，拥有自愿、平等、公平、诚信地竞争稀缺资源使用权的机会。然而，在组织内部拥有垄断权力的管理者眼中的竞争却正好与此相反，这里所谓的竞争是建立在消解竞争主体独立性和自主性的前提下进行的，竞争规则由管理者设置。也就是说，组织内部的竞争不过是组织成员对管理者的"恩宠"进行竞争。那些拥有垄断权力的管理者扮演着竞争操纵者和仲裁者的角色，而一般组织成员则成为被动的竞争卷入者。

一般来讲，这种组织内部"竞争"的对象大致包括三类：①各种荣誉，如销售之星、最美员工、劳模等，因为这表征着竞争者与权力及其拥有者的距离远近。②根据竞争结果授予一部分边缘化或无关紧要的权力等，这类竞争一方面可以起到宣传企业"公平"的作用；另一方面可以用来考验成员的"忠心"程度，成员越是积极参与这类竞争，越是表明成员追随权力及其拥有者的决心。③通过对部分资源的竞争，可以调动起成员的欲望，这样更有利于管理。

这种组织内部的竞争机制，有时确实能够满足"公开、公平、公正"的原则。原因很简单，这种竞争是完全可控的，并不会威胁到管理者的利益，并且通过这种竞争机制的设置还可以固化已有的权力和资源。然而，一旦这种竞争威胁到权力拥有者及其利益时，作为竞争操作者的管理者，就会因人、因时、因地来调整竞争规则，通过竞争规则和竞争对象的调整，将竞争导向所谓"合理"的方向。虽然调整后的规则也会被"公开、透明"地公布，但规则的调整过程则常常秘而不宣。其实，若将上述组织内的竞争机制与"家"的隐喻联系起来，就更容易理解这种竞争的迷思本质。这种"家"里面的竞争与市场经济条件下的自由竞争是不同的。

五、管理理论研究的迷思

郭毅指出，现代管理学研究可以划分为两个主要领域：针对企业处置组织与环境关系，以理论建构为主的组织理论和针对企业处置各种内部关系，以研究方法为主的组织行为。相应地，学者们也就面临着两种选择：建立一个庞大的管理学理论架构以指导实践；以研究方法取胜，使之成为一门可以传承和发展的严肃学科。就目前来看，为了获取学科合法性以及符合学术评审要求，学者们倾向于选择后者。但是，把管理学科过度科学化容易使管理学研究陷入"管理就是为了实现优化"，或是使管理学者与实践者过分夸大组织影响能力的陷阱。所以，在国际管理学界产生了两难抉择：一方面是组织行为研究的精巧化和缜密性但对现实管理现象和问题缺乏解释力；另一方面是组织理论研究对现实管理现象和问题具有深刻洞察但在研究视野和研究方法上缺失严谨。这种现象称为"管理学研究焦虑症"，并且这种"管理学研究焦虑症"同样存在于中国管理学界。国内外许多管理学者发出了很多批评和诘问，这不仅是中国管理学者的焦虑，也是全球管理学者的焦虑。

 **本章小结**

面对各种各样并迅速到来的挑战，企业需要做出及时的变革。所谓企业变革，是指企业组织根据外部环境和内部条件的变化，对组织的目标结构及组成要素等进行适时而有效的调整和修正，以提高其对环境的适应性，获得生存和发展的应变能力的活动过程。

迷思也许并不神秘，但却需要运用基础理论研究及由此产生的批判思维工具才能予以破除。目前管理实践中的一个个迷思，从另外的角度来看，恰是对作为管理学科理论基础的"新管理理论范式"的呼唤。作为广义基础科学研究分支的"理论管理学"是一种对广泛存在的组织与管理现象背后的机理进行深入分析及由此所积累起来的理论知识体系，其作用不仅在于帮助人们更好地设计和管理组织，更重要的是，它可以用来训练人们的思维，最终使人们能够在组织中面对他人尤其是以独立平等的地位与管理者对话，从而让管理迷思无以立足。从某种意义上讲，最终使组织中的管理及管理者得以"去魅"的力量首先是管理批判思维的力量，而这种思维力量却需要通过关于管理实践的基础理论研究来培育，这也正是建立新管理理论范式的根本意义所在。

 复习思考题

（1）全球化经营环境对企业管理带来哪些挑战？
（2）知识型员工有哪些特征？对管理有哪些挑战？
（3）信息社会中管理面临哪些挑战？
（4）如何理解在新的环境下管理的危机？
（5）如何理解管理的迷思？

第九章　管理的未来

学习目标

· 理解管理环境的异变。
· 理解无人化。
· 理解人工智能。
· 理解未来管理模式与方式的变化。

"无人化"与管理

新一轮科技革命和产业变革不断深入，正以"润物细无声"的方式改变我们的生活，也让我们的未来充满着机遇和挑战。"无人化"就是近年来高频度出现的一个名词，不断冲击我们的眼球，挑战我们的神经。"无人超市""无人驾驶""无人酒店""无人餐厅"……有人预言，"无人化"就像一场蝴蝶风暴，将引发人们从生活方式到工作就业再到经济转型的巨大变化。

无人作业已是大趋势。如今，越来越多的企业开始尝试建设"无人车间""无人工厂"。著名管理学教授华伦·贝尼斯讲过一个笑话：未来的工厂里只有一个人、一条狗，人是要喂养狗，狗是要看住人，不让他碰机器。

未来的工厂，还有没有工人的"立足之地"？当工厂不再需要工人，工人又将何去何从？

未来的组织，还有没有管理者的立足之地？当组织高度机械化、智能化，工人人数锐减，管理者又将何去何从？

第一节　环境的异变

一、人口红利的衰减 VS 机器人的上岗

人口红利是指一个国家的劳动年龄人口占总人口比重较大，抚养率比较低，为经济发展创造了有利的人口条件，整个国家的经济呈现出高储蓄、高投资和高增长的局面。对于中国而言，中国近几十年经济持续快速增长已经成为世界"奇迹"。在探讨中国为什么能够创造经济增长"奇迹"的时候，很多学者认为"人口红利"的影响是至关重要的原因，"人口红利"对生产领域的影响主要体现在对劳动供给方面。随着劳动年龄人口增长速度的减缓，劳动力数量不足的问题会很快到来。就中国而言，虽然基数较大的农村人口能够在一定程度上、一定时间内提供劳动力资源，但是随着生育率下降、老龄化水平提高，劳动力人口将出现短缺。劳动力的短缺意味着劳动力成本将在组织经营成本中所占比例越来越高。此外，随着对人的主体性的尊重、社会福利水平的提升、法律法规的严格保障，劳动力成本将会越来越高。

面对未来劳动力短缺及劳动力成本增加的现实。越来越多的企业开始引入机器人来代替劳动力以及弥补因缺少劳动力所带来的生产问题。在东莞一家精密技术有限公司的打磨车间，60 台机器手正日夜无休地打磨手机结构件。一台机器手可以替代 6~8 名工人，原来需要 650 名工人的车间，现在只有 60 人负责，未来将减少到 20 人。与熟练工人相比，刚上线的机器手虽是"新人"，但生产的产品数量和质量却远超熟练工人。相关数据显示，自机器手上岗以来，该企业产品不良率从超过 25% 降至不到 5%，产能从每月每人 8000 多件提高到每月每人 2.1 万件。这只是该公司"机器换人"计划的第一步，未来两年上岗的机器手将增加到 1000 台。在"机器换人"计划完成后，整个中后台操作人员将不超过 200 人，80% 的工序实现无人化。

不仅生产领域如此，其他服务领域机器人上岗的数量也越来越多，其技能越来越娴熟，服务效率越来越高。在各种组织中，机器人取代工人，人工智能化大批量生产将是未来组织生产的大趋势。

二、制造 VS 智造

人制造产品。在原始文明阶段，人类处于石器时代，在上百万年的历史

里，人类必须依赖集体的力量才能生存，物质生产活动主要是制造初级工具来采集渔猎、建造房屋，防止外族和野兽的攻击。在农业文明阶段，人类发明了以铁器为代表的一系列工具，创造了一种适应农业生产、生活需要的国家制度、礼俗制度、文化教育，使人类改变自然的能力产生了质的飞跃。农业文明的重要表现为男耕女织、小规模生产、分工简单、产品自给自足。

人制造机器。在工业文明阶段，18 世纪英国工业革命开启了人类现代化生活，人类开始大量制造和使用机器，形成了机械化大生产。机械化大生产占主导地位，拉开了世界向工业化社会转变的"现代化"帷幕。工业化是对生产工具和生产方式的根本变革。美国未来学家阿尔文·托夫勒所言，工业化贯穿着劳动方式最优化、劳动分工精细化、劳动节奏同步化、劳动组织集中化、生产规模化和经济集权化六大基本原则，它使整个国家和社会高度组织化，形成了新的概念框架和新的经济、文化、法律等制度体系，人类的精神文明与文化也得到了大幅度的提升。

机器制造产品。在信息文明阶段，随着计算机的出现和普及，信息对整个社会的影响越发深远。信息量、信息传播速度、信息处理速度以及应用信息程度等都在以几何级数的方式增长。社会生产组织实现市场一体化、经营管理一体化、资源配置一体化。专业和技术阶层逐渐成为职业主体，知识创新成为社会发展的主要动力。在互联网信息技术中，个人和群体的工作生活品质均得到了显著提高。借助互联网，我们通过个人终端如手机、平板等，可以实现快捷的服务功能和控制功能，通过企业的信息化内网系统可以实现专业管理和内部管理，通过公共服务平台和专业 APP 可以实现行业的定向管理和营销战略。在生产领域，机器制造产品的生产方式已经占据绝对的支配地位。

机器制造的机器智造产品。在信息文明阶段，随着人工智能技术的进步与发展，人工智能等技术将对整个社会带来颠覆性的影响。以电脑、互联网、机器人为标志，生产力可以高速复制，商品数量和种类极大丰富；电脑、互联网等信息传播工具日趋智能化，信息极大丰富。组织为了提高生产效率，越来越多地采用迭代自动化设计，采购低能耗自动化设备，实现了全智能自动化管理。智能制造是一种由智能机器和人类专家共同组成的人机一体化智能系统，它在制造过程中能够进行智能活动，例如分析、推理、判断、构思和决策等。通过人与智能机器的合作共事，去扩大、延伸和部分取代人类专家在制造过程中的脑力劳动。智能机械重塑了传统生产链，将工厂作业从人工时代带入智能化时代，在不需要人工干预的情况下，机器能够进行自我迭代发现处理问题，机器能够制造出新的机器，并生产符合消费者偏好的产品，公司产能也将得到大幅度提升。

三、由人生产 VS 无人生产

马克思认为，劳动是人类的本质活动。劳动是人类社会产生的基础和前提，人类的历史首先是生产发展的历史。在人类社会发展过程中，人一直作为生产活动的主体，无论是建造举世瞩目的世界伟大工程，还是耕作农田自给自足，人都是决定性的力量。在近现代组织生产领域中，人、厂房、设备、原材料一直是密不可分的要素。人之所以被称之为劳动者，就是因为人是具有劳动能力，并且能够通过从事劳动而获取作为生活资料来源的合法收入。劳动者通过出售自身的劳动与组织建立契约关系。所以人作为劳动者，与组织建立劳动关系，并对机器进行控制，进行生产产品或提供服务，最终取得收入。劳动者在组织生产中产生了大量的产品，这些产品使得人类的物质世界极大丰富。

科学家曾在 20 世纪描述了一幅美好的画卷——机器人将在未来完全代替人类工作。时至今日，我们已经进入了工业 3.0 时代，组织的生产设备实现了高度的自动化，并且正在加速向以智慧生产和智慧工厂为核心的工业 4.0 时代迈进。根据德国西门子股份公司的解释，工业 4.0 时代的工厂将变得高度智能化，甚至连产品零部件也会获得智能；智能生产线会根据产品零部件中事先输入的需求信息，自动调节生产系统的配置，指挥各个机器设备制造出千变万化的个性化定制产品，这就是未来智慧生产与智慧工厂的概况。

虽然距离工业 4.0 时代的标准还有差距，但是"无人超市""无人驾驶""无人酒店""无人工厂"等无人化的浪潮却已经到来。目前国内外已经有一大批企业率先投入无人工厂的建设中。例如，富士康的"关灯工厂"、海尔的"互联工厂"、美的的数字化智能基地、阿里巴巴的菜鸟无人仓、京东的"亚洲一号"无人仓、上海通用汽车有限公司金桥工厂的无人焊接车间等。这些无人工厂虽然并非真正做到了空无一人，但是至少都发生了大规模压缩人工数量的现象，甚至缩减比例达到了90%以上。工人将从体力劳动与简单脑力劳动中完全解放。

第二节　管理的展望

一、管理的职能部分由人工智能来完成

（一）人工智能与计划职能

管理者的主要任务将聚焦于判定性的工作方面。人工智能可以提供决策数

据，但是决策需要管理者运用其对组织历史和组织文化的知识、经验和专业来明确组织前进的方向，明确组织所要进行的活动目标及内容。例如，工业企业将要生产何种产品、市场如何定位等。人工智能没有生命期限，剔除了感性思维意识，独留理性算法，能够在最短的时间内做出最正确的决定。随着信度的提升，管理者在未来的决策中，将越来越多地信任人工智能的决策建议。例如，当投资经理向人工智能提出哪些行业是较好的投资领域时，人工智能能够在几分钟内就根据大数据运算及场景模拟得出答案。人工智能可以增强但不能完全取代人类的判断能力。

计划是理性行为的重要组成部分。计划是选择一系列可能完成特定任务的行动。人工智能分析组织过往的数据与信息并自动生成计划。通过了解组织的偏好、活动、流程，可以计算最优目标，并对目标进行分类，从而预测未来情境。因此，例行性、书面性的任务可由人工智能来完成。

（二）人工智能与组织职能

人工智能的快速发展已经迫使世界各地的管理者重新考虑他们的核心组织结构。这意味着管理者愿意在工作时间、雇佣关系类型和地点上保持灵活性。人工智能将影响整个组织的业务流程，促使企业重组结构，组织将由层级化向分子化结构演变，进一步朝向非集权化的方向发展。组织需要专门的人工智能治理结构，它包括核心指令发布机构和技术专业知识中心。通过培训或招聘，将数据科学家嵌入整个企业中，这对于实现组织人工智能至关重要。要改变人力资源部门，开发新的招聘、培训模式。人工智能绝对不仅在组织中裁员，人工智能还将带来组织流程的改变与组织结构的变革。优化组织的适应性和学习能力，为进一步的技术颠覆做好准备。

人工智能并不是消除组织中的工作，而是消除工作中原有的任务。领导者最终需要决定在组织何处安置员工，哪些任务最适合机器，哪些任务可以通过人机结合来有效完成。组织弥补人机技能差距不仅是要吸引顶尖的人工智能人才，而且也是一种灵活的、跨组织的人工智能方法。根据长期业务战略，将不同的利益相关者组织到一起，达到组织所需要的治理结构，并将人工智能人才嵌入业务的不同层次中。组织还要考虑培训那些直接受到人工智能影响的员工，要帮助组织成员使用人工智能技术。因为人工智能会带来持续的变化，培训不能是一次性的工作，最成功的组织将是那些促进员工不断发展新技能的组织。

（三）人工智能与领导职能

人工智能是一种颠覆性和变革性的技术，越来越成为领导者关注的议题。随着人工智能被整合到组织内部的更多业务中，领导力的基本要素必须在多个层面上得到完善，其中包括总体战略、客户体验以及对技术的利用。为了在充满不确定性的未来中胜任，管理者必须尝试借助人工智能开展有效的领导，协调好员工和人工智能并肩工作。人工智能将改写协作能力与信息共享。与传统自上而下的层级结构相比，人工智能也将使组织变得更加团结。领导者的权力将进一步下放给人工智能。领导者将培养一支多元化的员工队伍和管理团队，在技术性与创造性之间取得平衡，双方相辅相成，以确保决策的正确。

组织将更加注重人机文化的契合性和适应性。在人工智能的帮助下，组织将克服大量的低效率和不确定性，然而，人类员工将会有一种工作上的不安全感，担心自己的经验及技术在与人工智能共事的过程中被模仿和取代，领导者需要在人机的竞技场中，创造一个规范的、帮助人类员工克服恐惧感的舒适空间。为了使员工充分融入人工智能部署中，领导者需要利用人工智能来增强现有的人力技能，使员工更好地工作。领导者也要专注于员工培训，以帮助他们适应未来的科技发展。领导者还要提供人机合作愿景，将业务流程知识与行业知识以及人工智能所能提供的可能性知识结合起来，确保人工智能融入业务流程，确保员工能够适应人工智能。

（四）人工智能与控制职能

管理者本质上希望人工智能在监控方面做得更好，尤其在跟踪流程、资源执行方面。虽然现在组织中的监控系统、指纹打卡等也属于机器监控范畴，但是人工智能时代的监控将是世界上有史以来最为严格的监控系统。同时，仅将人工智能嵌入监控过程是不够的，组织必须具备衡量结果、识别潜在风险的能力，要提高人工智能对风险的评估功能。

二、核心竞争力取决于人工智能的程度与水平

人工智能带来了生产力和经济增长的希望，对工作、技能及工作本身的性质和作用带来了更广泛的影响。然而重要的问题是，人工智能如何为个人、组织和社会带来价值增值。人工智能不存在于真空中，未来人工智能将决定组织核心竞争力的程度与水平。

每个组织都将主动或被迫制定自己的人工智能战略以保持竞争力。组织要确保将人工智能与公司的核心战略目标有效结合。组织应该有效分析人工智能对其整体业务带来的威胁和机遇。在人工智能系统运行初期就需要考虑相关法规，构建组织控制框架，并考虑如何与所有利益相关者建立信任。人工智能可以降低某些工作类别的风险和危险，从工作中去除一些重复性强、智力刺激性低的任务，从而推动生产。

人工智能能够帮助组织提升生产效率。人工智能已经对组织产生了巨大的

影响，它正在将人类员工生产任务中那些琐碎而重复的工作转变为能够自我学习、自行处置的工作。例如，营销自动化、服务智能化，从而使员工和客户的体验变得更加轻松和高效。事实上，大多数组织在开始部署人工智能时常常是以改进常规或低效的流程为目标。但是组织对人工智能的部署大大提高了组织活动的准确性和生产力，很明显人工智能已经在某些领域中与人类能力相匹配。

人工智能能够帮助组织降低成本。伴随着人工智能进入生产和服务之中，组织将工作中平凡的、重复的任务交给人工智能，使员工拥有更多的时间，去完成具有挑战性和提高回报的工作，这样可以使组织中每个部门都从中获益。例如，电子商务平台利用人工智能来促进客户购买过程，并根据客户行为个性为其提供产品。市场营销通过聊天机器人能够有效地生成线索并提供更好的客户体验。人工智能不需要咖啡、午餐或休息时间，不会因为疾病、假期甚至自然灾害而缺席，为组织节省了大量的医疗成本、工资成本及社会保障成本。

人工智能能够帮助组织提供卓越的客户体验。理解和掌握数据至关重要。随着数据系统的合并，用户服务将更加方便和易于定制。人工智能技术能够使组织对客户的行为和偏好建立更深入、更细致的分析，在此基础上，为客户提供更有用、更具有相关性、更有价值的服务，从而提供比以前更顺畅、更愉快的客户体验。

三、管理者的核心技能将包含人机互动技能

在人工智能时代，人机互动方式将发生变化，管理者的核心技能也将发生改变，传统的概念技能、人际技能以及技术技能将更多聚焦于人机联系与人机互动。要保持管理能力，管理者就必须拥有终身学习技能。

技术技能。对于管理者而言，越来越多的组织组建自己的人工智能队伍，并将人工智能作为组织战略的一部分，但目前掌握人工智能相关技术的管理人才仍然明显不足，这将是显而易见的挑战。管理者应具备以技术的方式与人工智能进行交互的能力，需要掌握足够的技能来熟练地运用人工智能，以提升自己与人工智能的协作程度。

人际技能。尽管管理者自身的创造力至关重要，但或许更重要的是他们激发他人（包括人工智能）创造力的能力。管理者需要将各种不同的想法汇集到解决方案中，为此要确保组织内部沟通、协作顺利进行。管理者在引入人工智能的过程中，需要组成包括熟悉其应用程序的专家和工程师在内的团队。虽然人工智能具备挖掘合作伙伴、客户和社区的知识和判断能力，但是尚需要管理者进行梳理并汇集不同的观点和见解。管理者需要让员工了解组织试图通过

人工智能实现的目标。在互联互通的时代，管理者需要研究人工智能对组织伦理和组织实践造成的影响并研究如何解决这些问题。管理者的人际技能对建立和谐、畅通的人际关系与人机关系至关重要，这将有助于管理者在人工智能执行管理和分析任务的世界中脱颖而出。

概念技能。管理者需要具备创造性思维。随着人工智能越来越多地融入、接管管理工作，创造性思维是其保持成功所需的关键技能。管理者还需要具备数据分析和解释思维，从整体上审视组织的人工智能，加快组织发展人工智能专业知识和夯实专业人才基础，以便能够准确配置人工智能并应用人工智能解决组织的业务问题。管理者需要战略思维，将技术设计、业务发展嵌入团队和组织的实践中，以满足重塑运营模式和决策的需要。

四、管理将回归于"道治"

（一）"大道至简"——将管理简约化

回顾管理学历史，管理理论的丛林现象使人眼花缭乱，可谓百家争鸣。然而就管理的概念而言，迄今尚无统一定义，至于管理模式，则出现了美式、欧式、日式、中式等，可谓各有所长。对于管理实践，随着各种理论、模式的引入，环顾组织周围已然被众多密集的"箭头、框框和线条"所包围，那些烦琐抽象的管理往往会降低组织效率。实际上，管理越简约，其成效则越好，即为中华智慧中的"大道至简"。这要求将管理的概念、基本原理、方法和模式等简约到一两句话就能说明白，所谓"真传一句话，假传万卷书"。

管理中没有完美的管理方法与管理模式，只有与时俱进才能永葆活力。管理的精髓就是将一切要素和谐统一，适应内外环境变化，使其具有自我组织、自我创新、自我发展的能力。在实践中，管理者切忌通过管理方法和管理模式把组织变得复杂，所谓高深莫测的管理理论，一旦运用到管理实践中就成为"空中楼阁"。管理越简单、组织成员就越容易理解，传递越不容易走样。未来的管理将使复杂的问题简单化，简单的问题条理化，条理化的问题更易化。未来的管理一定会回归常识、回归本质。

（二）"道法自然"——践行心性管理

管理学的研究一直以人为重点，人从最开始辅助机器生产的"物本"转变成了机器辅助人生产的"人本"。以人为本不仅是管理学及管理实践的巨大进步，亦是人类社会的巨大进步。随着对人的重视及人本身所发挥的作用在组织发展中越来越重要，吸引人、留住人、发展人则成为了组织管理的重要课题。要用制度、情感、文化留人，让人感受到组织的温暖，增进人对组织的归属感、认同感，这是目前管理研究的共识和管理制度设计的抓手，然而在实践中却未能交出满意的答卷，究其原因，仍然是思想出现了问题。所以要改变结果，关键是要改变思想。

随着物质生活的改善、科学技术的进步，人的身体机能得到了前所未有的提高；随着教育程度的提高，人的大脑机能发展也得到了保障，所以人与人之间的差距已然不是鸿沟。唯有心性才是影响大脑机能、身体机能正常发挥的根本。虽然身体机能、大脑机能的重大变化都会打破心性的平衡，但是心性却具有相对的独立性，它能够通过自身调节来控制身体的行为。在未来，虽然人工智能会在组织中发挥重要的作用，但是人依然要实现"心不受煎熬，身高度自由"的和谐。在遵循自然之道的前提下，管理者需要定期反省组织的经营理念，检查自己的观念思想是否与时代发展相一致，需要定期检视管理方式方法。员工需要定期了解自己的目标是否与组织目标相协调，要学会调整自己的目标，使个人目标与组织相融合。未来的管理，将更加关注人心。

（三）"津津乐道"——享受简约生活

诚如尼采所言："在这个文明的国度，几乎每个人都是为了挣钱而工作。在他们看来，工作只是谋生的手段而非目的。"对于大多数人而言，工作是为了谋生，而在工作过程中充满了劳累与辛苦，人们对于工作的选择，更多的是追寻一份拥有丰厚酬金的工作，这往往又不容易实现，而另外一小部分的人则只想做自己感兴趣的工作，一旦工作符合自身兴趣便会全力以赴，而这往往又不容易实现，因而产生了"生之多艰"的感叹。

随着科学技术的发展、人工智能的介入，简单、重复、繁重、危险的任务将脱离人类的工作范畴。人将有更多的机会去从事感兴趣的工作。在工作中，剔除那些无效的、可有可无的、非本质的任务，去粗取精，抓住重点和根本，最终会提高工作效率。在生活中，通过家居的智能化，人也将逐渐脱离烦琐的日常，在简约中享受有趣且有意义的生活。工作的目的与生活的需要达成前所未有的高度一致，即为人生的享受。

 本章小结

尽管人工智能引发了人们对失业、经济不稳定和技能短缺的担忧，但是人工智能最终将被证明比人类更有效率，并且在行动上可能更加公正。人工智能为我们提供了必要的工具，使我们在现有的数据中发现新模式，发现具有潜力的重要见解，使我们能够变得更好。管理者必须适应智能机器的世界，人工智能能够以更快、更好、更低的成本完成耗费管理者大量时间的管理任务。人工

智能的成功最终取决于思维、人员和技能的多样性。人工智能是一种技术，即用来支持管理者而不是取代管理者，所以管理者应该认识到，自己没有必要在所有管理职能方面与人工智能"赛跑"，而是要更加专注于从事技术创新、策略规划、监督及协调智能机器正常运作等工作，扮演更具有创造性和挑战性的角色。管理要遵循"大道至简"的原则，要将管理简约化；在"道法自然"下，组织中的人将更加身心合一；科技带给人更多自主的时间和空间，人将更加"津津乐道"地享受生活。

　　所以，我们不仅要对因科技的发展所带来的便利与机会感到高兴，还要知道管理者领导能力的实现基于人工智能的基础力量。组织需要准确审视其管理者是否具备与人工智能并肩工作的能力。未来的管理依旧落在人类的肩上，是人类不可推卸、必须担当的责任。

 复习思考题

　（1）未来的管理环境会发生怎样的变化？
　（2）如何看待人工智能对管理的影响？
　（3）怎样理解未来管理中的"道治"？
　（4）未来人的工作与生活会和谐统一吗？

参 考 文 献

［1］安德鲁·卡卡巴德斯，约翰·班克，苏珊·维克姆. 在团队中工作［M］. 金涛，孔谧译. 天津：天津人民出版社，2009.

［2］彼得·德鲁克. 21 世纪的管理挑战［M］. 朱雁斌译. 北京：机械工业出版社，2019.

［3］曹振杰. 企业员工和谐心智模式的理论与实证研究［M］. 杭州：浙江大学出版社，2012.

［4］程继隆. 丛林法则：企业危机生存密码［M］. 北京：中国经济出版社，2013.

［5］稻盛和夫. 活法［M］. 曹岫云译. 北京：东方出版社，2013.

［6］邓必敬，鲍润华，雷姝燕. 管理学［M］. 南京：东南大学出版社，2016.

［7］杜龙政. 管理学教程［M］. 北京：经济科学出版社，2015.

［8］冯丽雯. 90 后员工的特点及其管理措施［J］. 管理观察，2018（20）：43-44.

［9］付建荣. 基于"90 后"职工思想现状的思想政治工作模式分析［J］. 南方论刊，2015（10）：108-109.

［10］广小利，李卫东. 管理学［M］. 北京：北京理工大学出版社，2016.

［11］郭毅. 论管理学者的迷思——一个全球性的而非本土性的现象［J］. 管理学家（学术版），2013（6）：16-26.

［12］韩利红，赖应良. 管理学［M］. 成都：西南交通大学出版社，2017.

［13］何跃. 组织行为学［M］. 重庆：重庆大学出版社，2012.

［14］亨利·明茨伯格. 管理工作的本质［M］. 方海萍译. 杭州：浙江人民出版社，2017.

［15］胡海波. 中国管理学原理［M］. 北京：经济管理出版社，2017.

［16］胡祖光. 东方管理学［M］. 杭州：浙江工商大学出版社，2019.

［17］黄俊华. 教练的智慧：人生一念转［M］. 北京：北京联合出版公司，2015.

［18］黄婷燕，李远辉，林哲珊等. 90后员工"闪辞"成因及对策［J］.合作经济与科技，2019（4）：124-126.

［19］季辉. 管理学［M］. 重庆：重庆大学出版社，2005.

［20］加雷斯·琼斯，珍妮弗·乔治. 当代管理学［M］. 郑风田译. 北京：人民邮电出版社，2005.

［21］黎红雷. 企业儒学·2017［M］. 北京：人民出版社，2017.

［22］李炳南. 论语讲要：述而不作信而好古［M］. 武汉：长江文艺出版社，2011.

［23］李宏林，孙琪恒，赵驰. 管理学简明教程［M］. 北京：经济科学出版社，2013.

［24］李卫东. 管理学［M］. 北京：北京理工大学出版社，2016.

［25］里基·W. 格里芬. 管理学［M］. 刘伟译. 北京：中国市场出版社，2011.

［26］刘福森. 寻找时代的精神家园——兼论生态文明的哲学基础［J］.自然辩证法研究，2009（11）.

［27］刘磊. 现代企业管理［M］. 北京：北京大学出版社，2014.

［28］钱俊生，余谋昌. 生态哲学［M］. 北京：中共中央党校出版社，2004.

［29］沈素珍. 和：中华民族的民族精神［J］. 新疆社会科学（汉文版），2009（5）：162.

［30］时宝金. 90后新生代员工激励机制的构建——基于心理契约视角［J］. 中国人力资源开发，2012（12）：33-36.

［31］斯蒂芳·罗宾斯，玛丽·库尔特. 管理学［M］. 刘刚，程熙鎔，梁晗等译. 北京：中国人民大学出版社，2017.

［32］斯蒂芬·罗宾斯，现丽·库尔特. 管理学(第11版)［M］. 李原，孙建敏，黄小勇译. 北京：中国人民大学出版社，2012.

［33］王欣荣. 管理学教程［M］. 长沙：湖南师范大学出版社，2015.

［34］王亚丹，徐刚，宋谨等. 管理学［M］. 上海：上海财经大学出版社，2016.

［35］维克托·迈尔-舍恩伯格，肯尼思·库克耶. 大数据时代——生活、工作与思维的大变革［M］. 周涛译. 杭州：浙江人民出版社，2012.

［36］席酉民，张晓军. 未来经理们的四大挑战［J］. 管理学家（实践版），2012（4）：70-75.

［37］肖旭. 社会心理学［M］. 成都：电子科技大学出版社，2013.

［38］谢斌. 人本生态观与管理的生态化［M］. 北京：科学出版社，2009.

［39］修涞贵. 正道直行［M］. 杭州：浙江大学出版社，2017.

［40］许晓青. 人际关系管理实务［M］. 上海：复旦大学出版社，2013.

［41］尤瓦尔·赫拉利. 未来简史［M］. 林俊宏译. 北京：中信出版社，2017.

［42］俞大伟. 和福尔摩斯一起学思考：推理游戏［M］. 吉林：吉林科学技术出版社，2014.

［43］张德. 组织行为学［M］. 北京：高等教育出版社，2016.

［44］张钢，李腾，乐晨. 管理实践中流行的十大迷思［J］. 管理学报，2014（4）：492-501.

［45］张国良，何纪光. 管理学原理与实践［M］. 北京：清华大学出版社，2014.

［46］张文昌，于维英. 西方管理思想发展史［M］. 济南：山东人民出版社，2007.

［47］周三多，陈传明，鲁明泓. 管理学——原理与方法（第四版）［M］. 上海：复旦大学出版社，2003.

［48］周三多，陈传明. 管理学［M］. 北京：高等教育出版社，2014.

［49］周瑛，胡玉平. 心理学［M］. 吉林：吉林大学出版社，2007.